The Ra Contact

Unified Index

By L/L Research

The Ra Contact: Unified Index

Copyright © 2018 L/L Research

ISBN: 978-0-945007-72-2

Published by L/L Research
Box 5195
Louisville, Kentucky 40255-0195, USA
www.llresearch.org

Cover art by Aaron Maret

About This Index

This booklet unifies the two indexes of Volumes 1 and 2, giving readers a comprehensive reference of both volumes. The unified index is uniquely designed to enable an in-depth study of *The Ra Contact* material. It departs from standard index formats in several ways:

- The reference numbers point to the particular session and question number in which the relevant information can be found rather than the page number.
- The entries are listed in alphabetical order, though some of the sub-entries are ordered based on their conceptual context presented in the material. (For instance, energy centers are listed from Red, to Orange, to Yellow, etc. within the Energy Center entry.)
- The listed references are not limited only to Q&As where the term was mentioned, but also Q&As that may not contain the term yet speak to the concept.

This index is as comprehensive as possible within the capabilities of the many individuals who have contributed to its creation and refinement. It contains approximately 590 total terms (including primary, secondary, and tertiary), 81 alternative wordings, 114 "see also" associated terms, and 60 "see" references, with over 9,000 total Q&A listings. As comprehensive as it is, this index should be considered a constant work in progress that will receive subsequent updates in future editions.

Creating this work was a great collaborative labor of love that spanned countries and continents, from Germany, Italy, and China, to Colaorado, Ohio, Tennessee, Viriginia, Washington, and Kentucky. In concert with Jim, Austin, and Gary, those responsible for this wonderful work include Joseph Dartez, Erez Batat, Fox Hutt, Gianluca Mosaico, Jade Norby, Jeremy Weiland, Jochen Blumenthal, Ken Wendt, and Sean Hsu.

Along with the volunteers, we discovered that reading every Q&A for a given term is one of the richest ways to deepen one's study of this material. We hope you find this index a useful tool in your own study of the many and varied topics explored by Ra and the questioner.

TABLE OF CONTENTS

Activate 8
Acupuncture 8
Adept 8
Aging 8
Akashic Records 8
Akhenaten 8
Allergy 8
American Indians 8
Anak 9
Angels 9
Anger 9
Ankh 9
Archetypes 9
Ark of the Covenant 10
Armageddon 10
Armor of Light 10
Astral Body 10
Astrology 10
Atlantis 10
Attract 10
Aura 10
Awakening 10
Balance 11
Ball Lightning 11
Banishing Ritual of the Lesser Pentagram 11
Battle Beyond the Stars (movie) 11
Beingness 11
Bermuda Triangle 11
Bible 11
Bid 11
Bigfoot 11
Biorhythm 12
Birth Defects 12
Black Hole 12
Body Complex 12
Brain 12
Brothers and Sisters of Sorrow 12
Buddha Body 13
Calling 13
Cancer 13
Cassiopeia 13
Catalyst 13
Cats, (Our) 13
Cattle Mutilations 13
Cayce, Edgar 13
Celibacy 13
Cepheus 13
Chaldea 13
Challenging of Spirits ... 13
Channel, Trance 13
Chaos 14
Children 14
China 14
Choice, The 14
Christianity 14
Cleanliness 14
Cleansing Ritual 14
Colors 14
Compassion 14
Complex 15
Concept 15
Conditioning 15
Confederation of Planets 15
Consonant with the Law of One 16
Control 16
Council of Saturn 16
Crowley, Aleister 16
Crucifixion of Esmerelda Sweetwater (book) 16
Crystallization 16
Crystals 16
Darkness 16
Death 16
Deconsecration of a Sacred Place 17
Deleterious Energy Exchange 17
Deneb 17
Density 17
Devachanic Body 18
Diaspora 18
Diet 18
Dimension 18
Dinosaur 18
Disciplines of the Body . 18
Disciplines of the Mind 18
Disciplines of the Personality 19
Disciplines of the Spirit. 19
Disease 19
Distortion 19
Divination 20
Doubling 20
Dreaming 21
Dual Activated (Bodies/Individuals) 21

Earth Changes 21
Earth's Population 21
Easter Island, Heads of . 21
Ectoplasm 21
Eden 21
Ego 21
Egypt 21
Einstein, Albert 21
Eisenhower, Dwight D. 21
Elder Race 21
Electricity 21
Elemental 21
Elements 21
Energy Center 22
Energy Center Blockage 23
Enlightenment 23
Error 23
Etheric Body 23
Exercise, Physical (for the Instrument) 24
Faith 24
Fantasy 24
Fasting 24
Faults 24
Female/Male 24
Food 24
Forgiveness 24
Form-maker Body 24
Franklin, Benjamin 24
Frontal Lobes (of the brain) 24
Frye, Daniel 24
Fusion 24
Games 24
Garlic 24
Genghis Khan 25
Ghosts (Lingering Spirits)25
Gnosticism 25
Goering, Hermann 25
Golden Dawn 25
Graduation 25
Gravity 25
Great Pyramid at Giza...25
Great Record of Creation25
Great Work 25
Guardians 25
Guides 25
Hair 25
Harmony 25
Harvest 26
Harvestable 26
Hawk 26
Healing 26
Hebrew 27
Heraclitus 27
Hickson, Charlie 27
Higher Self 27
Himmler, Heinrich 27
Hiroshima 27
Hitler, Adolph 27
Hole 27
Holograph 27
Holy Communion (Christian) 27
Homosexuality 27
Honor/Duty 27
Horus 27
Humor 27
Hypnosis 27
Illness 28
Imhotep 28
Impatience 28
In Potentiation 28
Industrial Revolution 28
Infinity/Infinite (adjective) 28
Initiation 28
Inner Earth 28
Inner Light 28
Inner Planes 28
Innocence 28
Insanity 29
Inspiration 29
Instrument, The 29
Intelligent Energy 29
Intelligent Infinity 29
Intention 30
Intuition 30
Investment (Evolutionary)30
Jefferson, Thomas 30
Jesus 30
Judaism 30
Judas Iscariot 30
Judgment 30
Ka 30
Karma 30
King, Martin Luther 30
Knot of Fear (Maldek) .. 30
Kundalini 30
Larson, Dewey B. (Physics of) 30
Law of Confusion 30
Law of One 31
Law of Responsibility 31

Law of Squares (Doubling/Empowerment) 31
Laws of Foreverness 31
Laws of Light 31
Laws of Love 31
Laws (Natural) 31
Learn/Teaching 31
Lemuria 32
Light 32
Light Touch 32
Light/Love 32
Lincoln, Abraham 32
Logos 32
Love/Light 33
LSD 33
Magic 33
Magical Defense/Protection 34
Magical Personality 34
Magnetism 34
Major Cycle 34
Male/Female 34
Manhattan Project 34
Marijuana 34
Marriage 34
Martyrdom 34
Master Cycle 34
Masturbation 34
Meditation 35
Memory 35
Men In Black 35
Mental Illness 35
Mesopotamia 35
Metal-Bending 35
Metaphor by Ra 35
Mind Complex 36
Mind/Body 36
Mind/Body/Spirit Complex 36
Mind/Body/Spirit Complex Totality 36
Mind/Body/Spirits 37
Mind/Spirit (Spirit/Mind) 37
Mixed Contacts 37
Money 37
Muhammad 37
Mummies 37
Mystery, The 37
Nagasaki 37
Narrow Band Vibration 37
Nazca (Lines of) 37
Negative Path 37
Nuclear Energy 38
Oahspe (book) 38
Octave 38
One Infinite Creator 38
One Original Thought 38
Other-Self 39
Oversoul (Group) 39
Parallel Existence 39
Paranormal Ability 39
Patton, General George 39
Perfect 39
Pericles 39
Personality 39
Peru 39
Pets 39
Philadelphia Experiment 39
Plane 40
Planets (Inhabited) 40
Plenum 40
Polarity (General) 40
Polarity (in Consciousness) 41
Positive Path 41
Potentiate 42
Power 42
Prana 42
Prayer or Contemplation 42
Probability/Possibility Vortex 43
Probert, Mark 43
Programming, Incarnational 43
Prophecy 43
Protection 43
Psychic Greeting/Attack 43
Psychic Sensitivity 44
Puharich, Dr. Andrija 44
Purity 44
Pyramids 44
Quarantine (of Earth) 45
Questioner, The 45
Random 46
Reincarnation 46
Religion(s) 46
Repression 46
Reproduction 47
Responsibility 47
Rhythm of Reality 47
Robot 47
Roosevelt, Eleanor 47
Roosevelt, Franklin 47
Russia 47
Sacrifice 47

Saints Teresa, Augustine, Francis.......................... 47
Salt Cleansing.............. 47
Sanskrit 47
Schweitzer, Albert......... 47
Scientists 48
Scribe, The.................. 48
Seeker.......................... 48
Seeking......................... 48
Self.............................. 48
Self-Acceptance 49
Self-Conscious............. 49
Self-Worth 49
Seniority of Vibration ... 49
Service to Others 49
Service to Self.............. 50
Sexuality...................... 50
Shockley, Paul 50
Signals and Personal Signs.............. 50
Silver Cord 50
Silver Flecks................. 50
Simultaneity 50
Sinkhole of Indifference 50
Sirius 50
Slavery......................... 51
Social Memory Complex51
Society......................... 51
Solar System 51
Soul............................. 52
Sound Vibration Complex...................... 52
South America............. 52
Southern Cross 52
Space/Time 52
Spirit Complex.............52
Spiritual Entropy 52
Spiritual Gravity 52
Spiritual Mass 52
Spontaneous Combustion53
Star Wars (movie)..........53
Starvation 53
Strength........................53
Sub-Density..................53
Sumer 53
Surrender......................53
Tantric Yoga 53
Taras Bulba...................53
Tau Cross 53
Teach/Learning.............53
Telepathy......................53
Television 53
Temptation...................54
Ten Commandments 54
Tesla, Nikola.................54
Tesseract (Ninety-degree Deflection)....................54
Thales...........................54
Third Density 54
Thought-Form.............54
Tibet.............................54
Time/Space...................54
Transform....................55
Transient Information...55
Tree of Life...................55
True Color...................55
Tunguska......................55
Tuning..........................55
Turkey..........................55
Two Paths, The 55
UFOs 56
Unconscious 56
Understanding.............. 56
Unmanifested Self 56
Ur 56
Urantia Book................ 56
Van Tassel, George....... 56
Veil of Forgetting 56
Vibration...................... 57
Visions 57
Visualization................. 57
Vital Energy 57
Wanderer 58
War.............................. 58
Water 58
Weapons (Particle Beam and Psychotronic)......... 58
Will.............................. 58
Williamson, George Hunt 59
Window Effect 59
Wisdom 59
Work............................ 59
Wrong.......................... 59
Yahweh 59
Zeta Reticuli................. 59

INDEX

Activate

3.8, 17.39, 21.9, 23.7, 27.13, 28.1, 30.5, 31.3, 32.6, 32.14, 34.9-10, 34.16, 35.1, 35.3, 38.5, 39.10, 40.4, 41.16-19, 42.11, 47.10-15, 48.7, 50.12, 51.9-10, 52.11, 53.8, 54.5-6, 54.15, 54.31-32, 58.3, 62.29, 63.8, 63.14, 63.17, 63.19, 63.24-25, 63.32, 65.18-19, 66.7, 66.14, 72.17, 74.3, 75.19, 75.24, 79.20, 83.18, 86.7, 91.35, 92.17, 95.19, 97.15

Acupuncture

49.5

Adept

3.16, 11.11, 13.23, 39.10, 42.16, 47.8, 48.10, 49.8, 50.8-9, 50.13, 51.8, 54.14-18, 54.31, 57.24, 59.17, 61.3, 61.13, 64.10-13, 65.20, 67.28, 69.3, 69.10, 69.18, 69.20, 71.15-17, 72.17, 73.2-10, 73.14, 73.19-20, 74.4, 74.6, 74.8-11, 74.13, 74.16, 75.23-24, 75.27-29, 75.31-32, 75.38, 76.4, 78.32, 80.4, 80.8-15, 80.18-20, 83.16, 83.18, 84.20, 85.11, 85.16, 86.7, 88.12, 89.19, 89.29, 90.29, 91.34-37, 92.8, 92.12, 93.10, 93.14-18, 95.27, 97.9, 99.7, 99.10, 100.13

<u>Cycle of the Adept</u>

61.2-4, 64.10-13

<u>Rituals of the Adept</u>

73.7-8, 73.10, 74.4, 89.19, 89.44

<u>Services of the Adept</u>

49.8, 50.8-9, 74.9-11, 74.16

<u>Tools of the Adept</u>

3.16, 49.8, 50.8-9, 58.3, 76.9, 88.24, 90.29, 91.35, 97.9

Aging

14.10, 15.4-5, 15.8, 59.20, 105.19-20, 106.12

Akashic Records

Hall of Records

14.32, 91.7

See also “Mind, Racial”

Akhenaten

Ikhnaton

2.2, 23.6, 23.12-13

Alchemist (Archetype)

See “Archetypes, Great Way of the Body”

Allergy

12.30, 63.3, 83.2, 84.2-3, 97.15, 97.20, 98.3-5, 98.15, 99.1-2, 101.4, 102.16, 105.2, 105.11, 106.3-5

Allopathic Healing

See “Healing, Allopathic”

American Indians

10. 15

Anak

18.20 | 24.9

Angels

11.25 | 51.1 | 106.7
19.7 | 69.5
48.8 | 90.4

See also "Guides"

Anger

40.9 | 54.22 | 98.15
40.12 | 59.3 | 99.5
46.5-7 | 66.32 | 101.4
46.9-11 | 98.9 | 105.17

Ankh

Crux Ansata

55.14 | 93.24 | 96.19
63.32 | 94.26-27 | 96.21
92.24 | 95.27
92.29-30 | 96.16-17

Archetypes

Concept Complexes

1) Matrix

Matrix of the Mind

74.4 | 79.42 | 91.17-34
78.10-11 | 87.28 | 92.9
78.33-34 | 88.24 | 92.13
79.17 | 89.21 | 92.18
79.20-23 | 90.30 | 92.34

Matrix of the Body

78.11 | 79.20 | 92.18
79.17 | 88.24

Matrix of the Spirit

78.11 | 79.20 | 88.24
79.17 | 80.8-15

2) Potentiator

Potentiator of the Mind

74.4 | 79.29 | 92.9
78.10-11 | 79.42 | 92.11-12
78.34 | 86.6-7 | 92.18-35
79.17 | 87.28
79.20-24 | 91.17

Potentiator of the Body

78.11 | 87.28 | 92.18
79.20

Potentiator of the Spirit

78.11 | 79.20 | 80.13-15

3) Catalyst

Catalyst of the Mind

78.35-36 | 93.7-13 | 94.11
79.35 | 93.18-20 | 96.20

Catalyst of the Body

81.11 | 93.11-12

Catalyst of the Spirit

80.10 | 80.15 | 93.11-12
80.13

4) Experience

Experience of the Mind

78.37 | 94.18-21 | 96.21
79.35 | 94.23-30
94.11-16 | 95.20-27

Experience of the Body

81.12

Experience of the Spirit

80.8 | 80.10 | 80.15

5) Significator

Significator of the Mind

78.10-12 | 83.19 | 92.34
78.17-20 | 88.17 | 97.10-13
79.18-20 | 88.24 | 97.16-18
79.36-38 | 89.26 | 99.7
79.42 | 92.14-15 | 103.11
80.0 | 92.18 | 103.13

Significator of the Body

78.17-20 | 83.19-20 | 89.26
79.19-20 | 88.17 | 92.18

Significator of the Spirit

78.17-20 | 80.16-18 | 88.17
79.19-20 | 83.19 | 89.26

6) Transformation

Transformation of the Mind

79.39-40 | 99.10 | 100.6
99.8

Transformation of the Body

81.13

Transformation of the Spirit
80.19-20

7) Great Way

Great Way of the Mind
79.41 | 92.17 | 100.7-11 | 100.13 | 103.10-15

Great Way of the Body
81.14 | 103.11

Great Way of the Spirit
80.21-22 | 103.11

8) The Choice
67.30 | 77.12-16 | 79.31 | 88.16 | 89.26 | 91.16 | 95.27

See also "Choice, The"

Tarot
76.6-7 | 76.9 | 76.12 | 77.11-14 | 77.21-23 | 78.11-12 | 78.19-20 | 78.30 | 78.37 | 79.16 | 79.29-31 | 79.34 | 88.13-24 | 89.14-15 | 89.19 | 89.21-26 | 91.19 | 92.7-8 | 92.11 | 92.20 | 93.7 | 93.15-17 | 93.21 | 96.12 | 96.15 | 99.6 | 100.6 | 105.13

Archetypical Mind
See "Mind, Archetypal"

Ark of the Covenant
60.17 | 60.19

Armageddon
24.6

Armor of Light
16.59 | 25.4 | 46.2 | 57.6 | 57.12 | 66.5 | 102.2 | 106.22

Astral Body
47.8

See also "Body Complex, Green Ray"

Astrology
19.20-21 | 61.2-4 | 64.13 | 76.6 | 76.9 | 76.12 | 88.23 | 89.21 | 91.19 | 91.25 | 92.7 | 92.26 | 92.29 | 93.8 | 93.17-18 | 96.15 | 96.18 | 96.21 | 97.9 | 100.10 | 100.13

Astronomy
See "Sciences, Astronomy"

Atlantis
10.1 | 10.15 | 14.4 | 21.28 | 22.20-21 | 22.27 | 23.1 | 23.6 | 24.4 | 27.1 | 45.4 | 57.28

Attract
16.54 | 26.12 | 26.36 | 28.14 | 29.18 | 30.10 | 31.7 | 37.8 | 38.2 | 40.3 | 40.6 | 41.10 | 49.6 | 50.2-5 | 51.1 | 54.31 | 57.14 | 57.33 | 59.6-7 | 67.7 | 67.27 | 68.14 | 69.3 | 72.7 | 76.2 | 76.9 | 80.5 | 87.28 | 92.20 | 94.14 | 95.4 | 95.6

Aura

Aura Infringement
1.0 | 2.3 | 30.17 | 31.8 | 31.10 | 33.19 | 34.10 | 38.5 | 39.3 | 48.2 | 55.16 | 69.19 | 90.4

Awakening
30.5 | 31.9 | 36.24 | 48.7 | 53.8 | 53. 12 | 53.17 | 79.20 | 80.10

Balance

Balancing

3.1, 4.17, 7.9, 14.6-11, 14.20, 15.4, 15.8-9, 16.2, 16.5-7, 21.20, 22.26, 25.6, 26.20, 26.27, 26.30-31, 29.29, 31.7, 33.7, 34.4, 36.7, 38.10, 52.7, 52.9, 57.6, 57.13, 57.24, 60.8, 67.3, 67.11-12, 67.20, 68.12, 71.5, 71.7, 72.8, 74.8, 78.10, 81.8, 83.16, 85.16, 90.3, 95.2

Balance/Balanced Working (Archetype)
See "Archetypes, Matrix of the Body"

Balance of the Body
5.2, 12.31, 51.5, 61.6, 61.10, 64.20, 88.6

Balance of the Spirit
6.1

Balancing Exercises & Energy Centers
2.3, 3.1, 5.2, 6.1, 12.31, 15.8-9, 15.12-13, 18.5, 18.11, 29.23, 29.27, 36.3, 38.5, 38.9-10, 39.10, 40.4, 41.14, 41.18-19, 41.23-24, 42.2-6, 42.9-11, 43.8, 44.14, 46.8-9, 48.7, 49.6, 51.7, 52.11, 54.8, 54.15-16, 54.23-27, 54.32, 57.6, 57.13-14, 57.24, 57.33, 58.3-7, 60.8, 61.6, 61.10-11, 64.6, 66.8, 74.6, 74.8-9, 75.35, 80.4, 85.16, 86.7, 104.2-3

Ball Lightning
53.23

Banishing Ritual of the Lesser Pentagram
41.2, 67.16, 72.2, 72.8, 72.13-14, 72.17, 73.2, 74.14, 75.3, 75.5-7, 76.4-5, 79.5, 80.2, 95.4, 103.18-19

***Battle Beyond the Stars* (movie)**
23.19

Beingness
3.13, 3.18, 7.2, 7.17, 8.1, 9.2, 10.9-10, 11.17, 12.15, 12.21, 13.17, 13.22, 15.1, 19.3, 19.13, 25.4, 26.36, 26.38, 27.2, 27.6, 28.6, 29.10-11, 29.27, 29.32, 30.2, 31.3, 31.15, 32.10, 34.3, 37.8, 39.10, 41.5, 42.20, 44.8, 47.8, 48.2, 50.7, 54.15, 58.23, 66.13, 74.4, 86.18, 92.3, 92.11, 92.13, 94.9, 95.16, 97.17

Bermuda Triangle
60.11

Bible
2.6, 3.2, 3.4, 26.5, 87.3

Bid
53.16, 55.3-7

Bigfoot
9.18, 9.21-22, 10.4-5, 64.17, 64.19

Biology
See "Sciences, Biology"

Biorhythm

61.2-4 | 64.10-14 | 89.4-5

Birth Defects

34.8

Black Hole

29.18-19 | 40.1

Body Complex

Physical Complex

2.3	41.21	77.9
3.16	43.22	77.17
3.8	46.9	78.5
4.17-18	47.8-10	78.10-12
5.2	48.2	78.19
6.4	48.10	81.14
10.14	49.5	82.12
11.30	51.5	82.14
14.18	54.6	83.2
15.4	54.17	83.5-6
15.8	54.27	83.19-20
18.15	56.1	83.22-23
18.20	58.3	84.17
18.27	58.19	86.12
19.9-11	59.17	86.18
19.13	60.20	86.20
19.20	61.2	87.22-23
20.3	61.6-7	88.17
23.7	61.10-11	90.11-12
26.13	62.5	90.18
29.19	62.28	91.11
30.2-3	63.25	92.19
30.5	63.27	94.3
31.6	65.19	94.10
31.15	65.22	97.10
36.8	66.32-34	99.10
39.1	67.23	105.14
40.9	68.6	105.16
40.12	69.5	105.19-21
40.14	73.22	106.4
41.12	76.20-21	

Red Ray Body Complex

3.8 | 47.8

Orange Ray Body Complex

3.8 | 47.8 | 47.14

Yellow Ray Body Complex

3.4	47.13-15	75.24
3.8	48.10	79.9
47.8	68.6	103.2-3
47.10	74.3	

Green Ray Body Complex

3.8	47.11	63.25
47.8	54.6	63.27

See also "Astral Body"

Blue Ray Body Complex

3.8	51.2	67.15
12.5	54.6	
47.8	67.6	

See also "Devachanic Body"

Indigo Ray Body Complex

3.8	48.7	70.14
47.8	51.10	70.17
47.11	54.6	71.6
47.15	66.14	

See also "Etheric Body"

Violet Ray Body Complex Complex

3.8	48.7	54.6
47.8	48.10	

See also "Buddha Body"

Body Relationship with Mind and Spirit

6.1	40.14	51.5
19.20	47.8	61.6-7
32.10	48.2	77.9

Sacramental portion of the Body

4.18	32.6	95.5
26.38	49.2	
31.3	86.20	

Balancing (and Knowledge) of the Body

See "Balancing, of the Body"

Brain

49.2-4	52.2	61.13
50.11		

Brothers and Sisters of Sorrow

12.26	52.9	65.7
23.10	55.7	

See also "Wanderers"

Buddha Body

47.8

See also "Body Complex, Violet Ray"

Calling

1.0	22.19	65.7
4.8	22.25	67.28
7.1-9	23.1	68.5
8.12	23.6	72.8
10.12-13	23.8	73.3
11.18	24.8	73.8
12.26	26.34	74.12-13
14.2	27.1	80.14
14.18	43.28-29	81.25
14.24	55.4	85.4
21.14-16	55.7	87.6
21.18-20	60.27	89.39
22.17	62.20	90.3

See also "Law of Squares"

Cancer

40.9	46.10-11	98.9
40.12-13	46.14-16	98.14-15
46.7-8	60.20	

Cassiopeia

11.12

Catalyst

4.20	36.2	54.14-24
5.1	36.17	54.28
17.2	40.12	60.20
17.18	40.15	61.2
19.3	41.22	61.4
19.12-13	42.2	61.7
22.5-6	42.9-10	61.9
28.1-2	43.9	64.8
28.5	43.18	64.15-16
28.13	46.7	64.20
29.30	46.9	65.15
33.6-9	46.14-16	66.9
33.12	47.6	66.13-14
33.14-17	48.6-8	66.32-34
34.6-7	49.4-6	73.10-37
34.9	50.2-5	76.21
34.12-15	52.9	(Cont. ...)

(... Cont.)	92.11	95.24-26
78.36	92.13-14	96.2
80.13-15	93.8	99.10
81.11-13	93.10-12	101.2-4
83.3	93.20	103.4
83.18	94.10-12	104.4
83.26-27	94.20	104.16
86.7	94.22	
86.20-21	95.19	

Catalyst (Archetype)

See "Archetype, Catalyst"

Cats, (Our)

30.13	98.9	104.18
46.2	98.13	104.24
98.6	104.7-10	

Cattle Mutilations

16.43	42.21	48.5
16.46	43.5	

Cayce, Edgar

14.31-32	27.1	65.9

Celibacy

22.23

Cepheus

81.24

Chakra

See "Energy Center"

Chaldea

76.6	88.22

Challenging of Spirits

89.2	89.6-7

Channel, Trance

Narrow Band

1.0	2.6	7.10
1.10-11	3.15	12.15
1.13	5.1	13.13
2.0	6.1	14.25
2.4	6.3	(Cont. ...)

(... Cont.)
14.32, 17.14, 17.22, 18.3, 18.14, 19.22, 22.1-2, 22.19, 22.27, 26.36, 27.1, 30.17, 33.2, 35.8, 36.21, 37.4, 38.1, 44.8, 48.6, 55.7, 60.24-25, 61.12, 62.1, 62.10, 62.14, 62.20, 62.23, 62.25, 64.5, 65.4, 68.4-7, 68.11, 69.3-7, 69.18-19, 72.5, 72.17, 74.3, 74.19, 75.8, 75.33-34, 79.4-5, 81.3-10, 83.2, 84.8, 85.2, 85.17, 85.19-20, 86.23, 88.5, 88.10, 89.2, 89.6-7, 89.16, 91.7-11, 94.3, 94.7, 94.9, 97.15, 102.20, 103.3, 103.8, 106.9

See also "Ra Contact Methodology"

Chaos

13.16, 28.6, 40.1, 78.29, 83.14

Chariot (Archetype)

See "Archetypes, Great Way of the Mind"

Children

16.10, 42.12, 63.16, 63.18, 66.14, 90.13

China

21.28

Choice, The

16.7, 16.11, 17.33, 19.15-18, 20.10-11, 30.1, 36.12, 50.7, 60.16, 67.11, 69.11, 76.15-17, 77.12-16, 77.19, 78.21, 78.24, 78.26, 79.31, 85.9, 85.11, 87.11, 87.25, 89.33-34, 91.16, 92.22, 92.33-34, 95.27

See also "Polarity (in Consciousness)"

Choice (Archetype)

See "Archetypes, The Choice"

Christianity

88.19

Cleanliness

95.7, 95.16, 96.4

Cleansing Ritual

41.1, 95.4-5, 95.10, 95.15-17, 96.4-5, 101.6-7, 105.6-8, 105.11, 106.9, 106.21

Colors

1.7, 27.17, 28.2, 32.12-13, 33.3, 33.20, 38.5, 40.3, 40.5-6, 40.11, 40.15, 41.14, 41.19, 41.25, 42.13, 43.8, 44.14, 47.3, 47.8, 48.7, 48.10, 49.6, 51.5, 54.5-6, 54.8, 54.11-12, 56.5-6, 57.12, 58.20, 59.23, 62.29, 63.25, 63.28, 64.4, 67.6, 67.11, 74.4, 77.17, 78.18, 81.3, 85.11, 92.22, 92.34, 93.8, 94.16, 94.18, 94.23, 97.12-13, 97.17, 99.11

Compassion

Loving, Green Ray Love, Unconditional Love, Universal Love, Vibration of Love

1.5, 4.6, 4.17, 15.12, 16.50, 17.30, 18.5-6, 18.11, 22.6, 23.6, 25.5-6, 27.13, 32.9, 33.8, 33.11, 33.20, 34.17, 41.25-26, 42.2, 42.6-7, 42.20, 43.14-15, 44.10, 47.5, 48.6, 52.9, 54.17, 59.3, 60.3, (Cont. ...)

(... Cont.)

60.8	65.11	84.4
61.6	67.11-13	85.11
61.11	70.22	85.16
62.26	75.2	86.7
63.5	75.14-15	89.29
63.8	75.32	89.35-39
63.14	75.39	99.5
64.6	81.23	
	83.18	

Complex

79.42	83.19-20	89.20

Body Complex
See "Body Complex"

Consciousness Complex

6.24	68.6-7	80.20
9.18	74.4	82.7
21.9	75.24	82.11-12
28.19	78.11	84.8
61.2	78.33	87.7
67.6	78.37	91.33
67.13-15	79.20	

Mind Complex
See "Mind Complex"

Mind/Body/Spirit Complex
See "Mind/Body/Spirit Complex"

Physical Complex
See "Body Complex"

Social Complex

10.1	17.1	31.4
10.7	18.6	45.1
10.12	18.8	52.2
10.15	18.21	64.15
11.16-17	19.11	70.7
13.23	19.14	71.14
14.4	21.28	83.10
14.6	22.6	83.14
16.6	22.22	
16.10	23.1	

Social Memory Complex
See "Social Memory Complex"

Sound Vibration Complex
See "Sound Vibration Complex"

Spirit Complex
See "Spirit Complex"

Concept

24.19	77.12-13	88.16
27.4	78.5	89.20
34.4	78.32	90.12
35.8	79.19-20	90.30
40.1	79.29-30	97.9
40.15	86.6	

Conditioning

1.0	89.2	89.7

Confederation of Planets

1.0-1	14.13	26.32
2.2	14.18	26.36
2.4	14.28-29	27.1
6.24-25	16.8	31.12
7.1	16.13	37.5
7.6-9	16.19	38.1
7.12	16.22	41.26
7.15	16.32-35	44.8
8.1	17.0-9	51.1
8.6	17.11	53.3
8.12	17.22	53.6
8.30-31	18.13	53.9
10.1	18.23	53.12-18
10.12	19.5-7	60.17
11.21	20.26-28	60.24-27
11.25	21.5	65.15
12.3	21.14-20	66.2
12.5	22.11-12	67.4
12.9	22.16-21	69.18
12.11	24.4	89.5-7
12.15	25.4-10	100.4
12.18	26.20-22	

See also "Wanderers" & "Brothers and Sisters of Sorrow"

Consciousness

See "Complex, Consciousness"

Consonant with the Law of One

6.14 | 18.5 | 42.10
7.9 | 18.8 | 52.7

Contemplation

See "Prayer or Contemplation"

Control

Manipulate

11.15 | 52.7 | 75.19
11.18 | 53.14 | 83.12
11.20-21 | 54.19 | 87.6-9
12.2 | 54.25 | 87.15
32.2 | 62.20 | 89.31
46.9-12 | 65.7-8 | 99.8
46.16 | 67.8 | 100.13
48.6 | 67.23

Cosmic Mind

See "Mind, Cosmic"

Council of Saturn

6.7-8 | 14.28-30 | 26.32
7.8-10 | 22.17 | 39.9
7.12 | 23.6 | 53.3
8.1 | 23.16 | 60.25
9.4 | 24.4 | 70.15

Crowley, Aleister

18.10-11

***Crucifixion of Esmerelda Sweetwater* (book)**

67.16 | 68.13 | 69.20-21

Crux Ansata

See "Ankh"

Crystallization

Crystallize, Crystalline

2.1 | 29.30 | 56.3
2.3 | 34.10 | 57.6
3.6 | 39.12 | 57.8-9
28.2 | 47.7 | 57.12
29.23 | 49.8 | 57.16-17
29.27 | 51.7-8 | (Cont. ...)

(... Cont.) | 66.15 | 81.27
58.18 | 73.10 | 83.3
59.17 | 73.17 | 83.18
64.5 | 74.6-9 | 84.10-11
66.5 | 74.11 | 85.16
66.10-11 | 75.23

Crystals

2.3 | 22.21 | 29.31
6.21 | 29.24 | 58.3
14.7 | 29.27-28

Crystal Healing

See "Healing, Crystals"

D'Obrenovic, Michel

See "Williamson, George Hunt"

Darkness

7.15 | 62.20 | 80.10
11.26-28 | 68.7-8 | 80.15
13.16 | 69.14 | 85.11
19.17 | 71.7 | 89.29
21.9 | 73.4 | 89.35
25.6 | 78.11 | 91.22
35.8 | 79.20 | 94.16
40.1 | 80.7-8 | 97.9

Daydream

See "Fantasy"

Death

17.20 | 51.6 | 70.17
23.12 | 51.10 | 71.6
26.25-28 | 53.3 | 81.13
30.3-4 | 63.2 | 82.25
31.14 | 63.12-14 | 83.2
33.9 | 63.20-21 | 86.7
33.11 | 65.21 | 89.31
34.6 | 67.28 | 91.10-11
34.18 | 68.6 | 95.25
47.9 | 69.3 | 104.9
47.11-15 | 69.6-7 | 105.18
48.7 | 70.15

Death (Archetype)

See "Archetypes, Transformation of the Body"

Deconsecration of a Sacred Place

95.3

Deep Mind

See "Unconscious"

Defense, Magical

See "Magical Defense"

Deleterious Energy Exchange

106.13, 106.22

Deneb

10.15, 21.28

Density

See also "Dimension" & "Sub-Density"

6.14-15, 7.15-16, 9.4, 11.3, 13.8, 13.13, 13.20-23, 15.25, 16.2, 16.21-30, 16.33, 16.38, 16.51, 16.53, 17.1, 17.18, 17.41, 18.5-7, 19.12, 26.24, 27.16-17, 28.4, 28.13-16, 29.2, 29.13-14, 29.32, 30.2, 32.8-9, 32.12, 36.1, 39.4, 40.1, 40.3-6, 41.7-8, 41.15-18, 41.26, 43.22, 45.7, 45.11, 47.3-6, 48.1, 48.10, 51.2, 52.3-7, 52.12, 54.4, 57.33, 60.12, 62.27-29, 63.8, 63.25, 63.29, 63.32, 65.18, 70.15, 71.10, 71.13, 75.24, 77.17, 77.24, 78.17-18, 78.24-25, 78.30, 82.12-13, 82.29, 89.13, 90.24-26

First Density

11.4, 13.15-18, 16.21, 28.6, 28.15, 29.11, 30.5, 40.3, 41.7-8, 41.10, 76.13, 76.16, 78.29, 90.11

Second Density

9.14-15, 9.17-19, 10.3-4, 10.15, 13.17-21, 14.1-3, 16.21, 19.2-3, 19.5-9, 19.13-15, 20.1-4, 20.18, 20.20, 30.5-7, 30.9-10, 30.12-13, 31.4, 34.7, 38.8, 40.3, 41.10, 41.14-18, 41.17, 46.2, 53.14, 76.13, 76.16, 76.20-21, 77.24, 89.9, 90.5-6, 90.10, 90.12, 90.21-22, 91.12-13, 94.16, 98.6-7, 99.10, 101.5

Third Density

See "Third Density"

Fourth Density

6.14-19, 11.3, 11.5-6, 11.8-16, 12.16-17, 12.28, 13.20, 13.22-23, 14.17, 15.20, 16.11-12, 16.21, 16.32, 16.39-40, 16.50, 17.1-2, 17.15, 17.18, 17.22-24, 17.34, 20.8, 20.27-28, 20.36, 25.9-10, 26.12, 26.34, 27.13, 29.19-20, 32.8-9, 33.9-12, 33.19-20, 34.16, 35.6-8, 36.1, 38.7, 38.14, 40.8-12, 40.15, 41.4, 41.16, 42.6-7, 43.9-14, 43.16-19, 43.25-29, 45.11, 47.2-6, 48.6, 50.7-9, 51.2, 52.3-7, 53.18, 57.33, 58.19-21, 60.20, 61.13, 62.18-23, 62.28-29, 63.8-32, 64.8, 65.6, 65.10-12, 65.17-19, 66.7, 66.29-32, 67.7, 77.15-17, 78.24-25, 79.32-33, 82.29, 85.9-13, 87.7-13, 87.25, 90.3-5, 90.9

Fifth Density

6.6	43.14	67.19
13.20	43.20-29	67.26
16.21	45.11	68.5-7
16.41	47.3	68.15-16
17.11-21	48.6	71.2-3
25.9-11	51.2	75.17-19
29.28	52.3-7	77.24
32.8-9	53.19-20	78.24-25
33.20	57.33	80.5-6
36.1	62.18-23	85.9-13
36.12	63.17	87.6-9
41.4	65.12	89.6
41.16	66.6	90.3-7
42.6-7	67.6-15	

Sixth Density

1.1	37.6	64.6
6.4-7	41.4-6	65.12
6.23	41.16	66.6
8.20	43.14-15	67.27
12.28	43.24-27	68.10
13.20	45.4	69.11
14.19-21	45.11	70.6
16.21-22	48.6	70.9-12
25.9-10	51.2	75.32
32.8-9	52.3-7	75.36
32.11	52.9	77.24
33.20	57.33	78.25
36.1	59.3	81.16
36.7-17	60.13-16	
36.22	63.17	

Seventh Density

13.20	36.1	41.4
14.19	36.8-9	41.16
16.21-23	37.6	
32.8	39.4	

Eighth Density

6.8	16.32	40.1
14.32	28.15	51.1
16.21	36.8	52.12

Devachanic Body

47.8

See also "Body Complex, Blue Ray"

Devil (Archetype)

See "Archetypes, Matrix of the Spirit"

Diaspora

24.17	25.4

Diet

40.14	84.3	102.17
41.22	102.2	102.21
42.12	102.5	103.3
83.28	102.12	105.2

See also "Food"

Dimension

3.8	13.8	21.5
4.2	13.17	26.24
4.4-5	14.4	27.2
4.9	14.17	36.1
5.2	15.18	36.3
6.4	16.2	40.1
6.6-8	16.5	52.1
6.13	16.22	54.5
6.15-16	16.25	57.33
6.18	16.32	59.14
6.24-25	16.43	61.9
10.1	17.1	62.20
10.3	17.18	63.24
10.6	17.31	64.4
10.16	20.7	65.9
11.12	20.36	76.17

See also "Density"

Dinosaur

30.6-8

Disciplines of the Body

3.16	41.21-22	66.32-33
4.17-18	61.6	
5.2	64.20	

Disciplines of the Mind

3.16	41.21-22	52.2
4.17	44.10	82.3
5.2	46.9	

Disciplines of the Personality

4.8 | 54.8 | 75.35
11.20 | 54.15-16 | 82.3
42.2 | 58.19 | 83.3
51.2 | 60.13 | 84.22
52.1-7 | 71.15 | 85.16
52.11 | 74.5-11 | 105.20

Disciplines of the Spirit

4.17-19 | 52.3 | 74.11
6.1 | 52.11 | 80.9
41.21-22 | 73.17 | 80.20
42.12 | 73.22 | 103.8

Disease

23.13-15 | 63.31 | 83.3-6
34.7 | 65.16 | 83.9
40.15 | 66.29 | 84.2-3
45.2 | 66.31-34 | 94.2-3
60.20 | 73.19 | 105.17-18
61.7 | 76.19-21

Distortion

1.1 | 31.7-8 | 66.9
1.5 | 34.12 | 66.13
1.7 | 40.12 | 66.18
1.10 | 43.13 | 67.2-3
3.4 | 44.13 | 67.12
4.9 | 46.2 | 68.7
4.19 | 46.12 | 71.16-17
8.31 | 47.2 | 72.10
9.9 | 48.2 | 73.19
10.10 | 51.6 | 74.3
11.17 | 54.8 | 75.16-17
13.12 | 54.22 | 76.9
14.10 | 54.28 | 78.5
15.9 | 54.32 | 80.4
15.21 | 55.2 | 80.12
17.33 | 57.24 | 82.14
18.6 | 57.33 | 82.22
18.22 | 60.29 | 84.13
20.32 | 61.4 | 86.15
21.3 | 62.3-4 | 86.22
22.6 | 62.14-15 | 89.22
22.19 | 64.4 | 90.3
27.7 | 64.16 | 91.37
29.25-27 | 64.20 | (Cont. ...)

(... Cont.) | 102.21 | 106.7-8
94.10 | 104.2 | 106.12
95.3 | 105.17-18 | 106.22
101.4 | 106.2

Primal Distortion

3.14 | 13.12 | 19.21
4.20 | 14.10 | 21.14
7.15 | 14.18 | 22.27
9.10 | 14.28 | 27.12
10.12 | 15.21 | 56.3
11.20 | 18.5-6
13.8 | 19.12

First Distortion

Finity, Free Will, Awareness

2.2 | 21.8-9 | 42.8
3.14 | 21.14 | 43.29-31
4.20 | 21.18-20 | 47.2
6.26 | 22.2 | 47.16
7.1 | 22.17 | 48.8
7.12 | 24.8 | 51.9-10
7.17 | 25.1 | 53.3
8.1 | 26.13 | 53.7
9.9 | 26.36 | 54.3
10.12 | 27.5 | 54.7
11.18-19 | 27.8-10 | 54.11
12.5 | 27.12-13 | 54.13-14
13.6-8 | 28.1 | 54.18
13.12-13 | 28.6 | 54.27
13.16 | 28.13 | 55.4
15.13 | 29.10 | 58.7
15.20-21 | 29.31 | 59.1
15.25 | 30.7 | 60.9
16.1-9 | 30.11 | 60.26
16.27 | 31.6 | 61.8
16.30 | 31.15 | 62.0
17.1 | 33.1-2 | 62.20
18.1 | 33.9 | 63.18
18.5-6 | 36.7 | 63.30
18.20 | 36.12 | 64.7-9
18.24 | 36.20 | 65.6
19.12 | 38.1 | 65.19
19.16-17 | 39.6-7 | 66.9
20.11 | 40.1 | 66.26
20.26 | 41.4 | 67.11
20.32 | 41.25 | 67.20-21
21.4 | 42.3 | (Cont. ...)

(... Cont.)	78.19-20	89.44
67.26	79.6	90.5
68.3	79.10	90.14
68.14	79.13-14	91.7
68.16-18	79.18	92.13-14
69.3	79.20-21	92.18
69.8-9	79.24	94.9
69.12	79.27	94.14
69.16-17	79.32-34	96.2
70.5	79.42	96.12-13
70.11	81.30	97.5
71.12-14	81.32	97.7
72.7-9	82.10	98.5
73.3-4	83.28	98.12
73.12-14	84.3	99.10
75.16	84.20	103.4
76.12-13	84.22	103.9
77.9	85.16	104.26
77.12-13	87.7	105.8
77.17-20	87.9-11	105.11-12
77.24	88.23	106.5
78.5	89.4	106.13
78.8-9	89.18	
78.13-14	89.25	

See also "Law of Confusion"

Second Distortion

Logos, Love, Co-Creator, Primal Co-Creator, Creative Principle

9.10	40.1	71.11-13
13.7-9	41.4	74.4
13.13	41.7-8	74.19
13.15-16	41.12	76.9-10
14.10	41.18	76.17-18
15.9	41.25	76.21
15.21-22	46.14	77.11-14
18.6	47.2	77.16-22
19.12	51.10	78.8
27.11-17	52.2	78.10
28.1-3	52.11-12	78.19-20
28.5-11	54.4-5	78.22
28.20	54.7-10	78.26
29.2-13	54.17	78.33-34
29.32	54.27	79.11
30.1	59.24	79.13-14
30.14-15	63.29-30	79.20
39.4	65.17	(Cont. ...)

(... Cont.)	83.26	91.35
79.24	84.9	92.10-11
79.28	84.22	92.13
80.22	90.11-14	92.18
81.23-25	90.16-21	93.5
81.30	90.23-24	93.10
81.33	90.26	93.13-14
82.8-12	91.2-3	94.14
82.21	91.6	99.8
83.6	91.12	99.10
83.21	91.14-17	

See also "Logos" & "Love"

Third Distortion

Light, Photon

6.14	40.1	59.10-11
12.5	40.3	59.16
13.9	40.5	59.19
13.16-17	40.9	60.10
15.4	41.9	60.12-13
15.9	47.8	64.6
15.21	52.11-12	66.5
17.18	54.4	67.13-15
27.13-14	54.10	70.19
27.16-17	54.27	72.8
28.2-5	56.3	74.17
28.7-8	57.6	78.9
29.12	57.12	82.7
29.16	57.33	85.11
32.12	58.12	
39.6	58.15-18	

See also "Light, Downward Spiraling," "Light, Upward Spiraling", & "Prana"

Divination

76.6	88.23	93.17

Doubling

7.2-5	26.40	65.12
7.7	37.7	73.22
10.13-14	39.1	83.17
11.11	59.14	87.14
22.27	62.15	

See also "Law of Squares"

Downward Spiraling Light

See "Light, Downward Spiraling"

Dreaming

14.25-26 | 83.3 | 85.19
44.10-11 | 83.16 | 86.7-15
46.2 | 84.8 | 95.18

Dual Activated (Bodies/Individuals)

17.1 | 63.21-23 | 65.19
63.8 | 63.25 | 66.7
63.11-19 | 63.28

Earth Changes

1.9 | 33.12 | 65.15
17.1 | 57.13 | 84.7
24.4 | 65.9-10

See also "Harvest"

Earth's Population

6.13 | 21.11 | 91.13
10.6 | 47.15
20.18-22 | 59.4-5

Easter Island, Heads of

20.30-35 | 20.37

Ectoplasm

47.8 | 69.3

Eden

77.17

Ego

15.10-12 | 62.20 | 67.7
18.5 | 62.23

Egypt

1.3 | 23.8 | 76.6-8
1.5 | 23.13-14 | 88.16
2.2 | 24.4 | 88.21
14.4-5 | 24.6 | 88.24
14.26 | 27.1 | 89.16-17
22.21-22 | 51.4 | 89.22-23
23.1-2 | 51.6 | 90.29
23.6 | 60.14-15

Egyptian Tarot

91.18 | 92.7-8 | 103.15
91.26 | 93.15

Einstein, Albert

17.8-9 | 26.20 | 39.4

Eisenhower, Dwight D.

24.19 | 26.33

Elder Race

15.15 | 15.17-20

Electricity

19.19-20 | 55.16 | 66.26
20.9 | 57.18 | 75.33
25.5 | 58.16 | 84.10-11
28.18-19 | 59.17 | 87.18
31.2 | 60.18 | 88.10
38.12 | 63.13 | 93.3-4
39.4 | 65.12 | 93.6
48.2 | 65.22 | 96.6-8
49.4 | 66.22 | 106.6

Elemental

16.43-46 | 95.4 | 96.4
17.37 | 95.6 | 97.6
77.6 | 96.2 | 99.8

Elements

Fire, Wind, Water, Earth

1.12-13 | 49.5 | 75.40
6.1 | 54.27 | 78.29
6.7 | 57.9 | 88.23
9.5 | 73.10 | 89.20
13.16 | 73.17 | 95.4-7
13.18 | 73.19 | 95.14-15
15.12 | 73.22 | 96.14
20.42 | 74.19 | 101.7
29.33 | 75.10-11

Emperor (Archetype)

See "Archetypes, Experience of the Mind"

Empress (Archetype)

See "Archetypes, Catalyst of the Mind"

Enchantress (Archetype)

See "Archetypes, Experience of the Body"

Energy Center

15.7	42.20	55.16
15.9	43.5	56.3
15.12	43.8	57.6
17.39	44.14	57.33
21.9	47.4	60.31
32.12-14	47.8	66.5
35.1	48.7	71.15
38.5	48.10	72.17
39.10	49.5-6	73.10
39.12	50.2	74.6
40.4	50.12	75.23
41.8-9	51.5	78.18
41.14	51.7-8	84.11
41.16	54.8-9	84.20
41.18-19	54.14-17	86.7
42.9-11	54.25-32	90.29

Primary Energy Centers

39.10	41.25	49.5
40.4	47.3	
41.19	48.7	

Red Ray Energy Center

15.12	41.25	54.17
26.38	46.9	54.25
31.4-5	47.8	54.27
34.15-16	50.2	57.6
39.10-11	51.8	

Orange Ray Energy Center

15.12	34.12	49.6
26.38	34.16	51.8
31.5	41.10	54.17
31.14	41.13-14	54.25
32.2	41.25	75.23
32.14	47.8	84.18-19
34.9	47.14	85.11

Yellow Ray Energy Center

15.12	41.25	66.14
26.38	47.8	70.17
31.5	47.10	75.24
32.2	47.13-14	82.25
32.14	49.5-6	84.18-19
34.9-10	51.8	85.11
34.12	54.17	87.22-23
34.16	54.25	102.2
39.10	66.5	102.11
41.14-15	66.9	105.13

Green Ray Energy Center

12.31	42.7	74.19
15.12	47.3-4	75.24
21.9	47.8	78.37
26.38	47.11	83.3
31.3	48.7	83.14
31.5	49.6	83.18
31.10	50.8	84.9
32.3	51.8	84.11-13
32.5	54.17	84.16
32.14	54.25	84.18
34.9-10	54.31	84.20-21
34.12-15	57.6-7	85.16
34.17	66.5	86.7
39.10	72.17	86.20
41.16	73.17	87.11
41.25	73.22	87.21

Blue Ray Energy Center

15.12	47.8	54.31
26.38	48.7	66.5
32.5	48.10	72.17
32.14	49.6	75.24
39.10	51.8	83.14
41.25	54.17	84.20-21
47.3-4	54.25	91.35

Indigo Ray Energy Center

11.8	51.8	73.19
15.12	54.17	74.6
26.38	54.25	74.8
32.5-6	54.31-32	74.11
32.14	57.33	84.21
47.4	58.19	89.29
48.7	58.23	91.35
49.2	71.15	101.2
49.6	73.10	103.4-5
50.13	73.13	105.2

Violet Ray Energy Center

11.8	38.5	51.8
12.31	39.10	54.27
14.14	41.19	54.30-31
15.12	47.8	57.6
19.20	48.7	58.23-24
26.38	48.10	72.17
29.27-30	49.2	73.7
32.7	49.6	73.13
33.19	50.12-13	84.20-21
34.15-16	51.1	85.20

Eighth Energy Center

11.8	14.32	34.2

Energy Center Blockage

9.23	50.2	84.18-19
12.31	50.12	86.7
15.9-12	51.5	86.11
23.7	51.7	87.18-19
25.1	54.11-12	87.21
26.38	54.14-15	91.35
31.2	54.31-32	98.5
31.9	56.3	102.2
31.14-15	58.5	102.9
32.2	60.31	102.11
32.14	73.19	103.5
38.5	74.6	
41.25	84.9-10	

Energy Transfer

General Energy Transfer

31.2	55.8	76.3
32.5	60.8	84.17
39.10	66.5	106.13
54.25	66.9	
54.31	73.21-22	

Sexual Energy Transfer

25.1	44.1	84.9-22
26.38	48.2	86.20-21
30.10	54.25	87.18
31.2-7	54.31	87.22-27
31.9	71.17	92.20
31.11-15	72.16	92.25
32.2	73.21-22	99.10
32.5-10	76.2	
39.10	83.3	

Enlightenment

Illumination

1.10	23.10	71.22
2.1	48.5	78.19
4.8	49.4	79.20
15.13	52.7	80.13
17.2	57.24	80.15
17.37	57.33	97.9
18.5	70.4	

Error

Mistake, Misstep, Incorrect

4.13	32.4	76.10
8.6	32.9	78.1
12.24	34.5	78.26-28
14.34	44.17	80.0
17.0	53.16	80.8
17.12	64.3	85.12
17.17	69.17	85.14
18.1	69.20	87.17
18.23	70.4	91.8
23.16	71.6	
32.1	73.19	

Error In Transmission

17.0	32.3-4	80.0
17.12	74.2	85.12-14
18.1	74.19	87.17

Etheric Body

47.8	47.15	66.14
47.11	48.7	66.26

See also "Body Complex, Indigo Ray"

Evolution

Evolution of Spirit

28.13-14	51.5	84.22
30.1	52.2	88.16
30.5	52.11	88.24
30.7	54.24	89.26
30.14	60.27	90.13
36.15	65.17	90.15
36.17	67.11	90.26
37.3	70.22	91.36
39.10	71.6	92.11
40.3	74.10	92.17
41.4	77.10	92.19
41.10	77.24	93.14
41.18	78.33	93.16
45.11	82.7	97.9
47.2	82.12	105.14-16
48.8	83.25	106.23
50.5	83.27	

Physical Evolution

See "Sciences, Evolution"

Exercise, Physical (for the Instrument)
18.27, 25.2, 34.1, 39.2, 53.1, 66.3, 84.5, 100.3, 103.3, 104.2

Experience (Archetype)
See "Archetype, Experience"

Faith
3.9, 16.18, 27.4, 41.22, 42.12, 46.9, 54.24, 54.31, 60.18, 67.30, 73.13, 80.13, 80.20, 82.29, 84.21, 85.4, 94.7, 95.16, 97.9, 101.2, 105.1
See also "Intelligent Infinity"

Faith (Archetype)
See "Archetypes, Catalyst of the Spirit"

Fantasy
16.54-7, 61.6

Fasting
40.14, 41.21-22, 42.12, 105.4

Faults
59.3, 75.15

Female/Male
5.2, 26.38, 31.7-10, 54.3, 74.4, 78.3, 78.36, 84.22, 87.22-28, 89.19, 89.36, 91.18, 92.20, 92.25, 92.28, 93.10, 94.10, 94.14, 95.19, 99.8, 100.6
See also "Male/Female"

Food
4.22, 18.4, 18.27, 19.22, 21.12-13, 23.14, 25.2, 40.14, 42.7-8, 43.17-24, 64.4, 65.9, 77.8, 77.10, 81.10, 83.28, 85.2, 88.19, 98.5, 99.1-2, 102.2, 102.5, 102.9-10, 102.12-16, 104.4

Forgetting, The
See "Veil of Forgetting"

Forgiveness
17.20, 18.12, 26.30, 34.4-5, 34.17, 40.13, 41.25, 50.7, 52.7, 65.19, 71.6-7, 78.5

Form-maker Body
47.11, 48.7, 51.10, 71.6
See also "Body, Indigo Ray"

Franklin, Benjamin
26.15-16

Free Will
See "Distortion, First"

Frontal Lobes (of the brain)
49.2-4, 52.5, 61.13

Frye, Daniel
8.30

Fusion
32.9-10, 41.4-5

Games
19.17, 34.12, 50.7, 75.24

Garlic
95.4, 95.6

Gateway to Intelligent Infinity
See "Intelligent Infinity, Gateway to"

Genghis Khan
11.9-15 | 17.25

Ghosts (Lingering Spirits)
47.12-14

Gnosticism
51.6

Goering, Hermann
35.5

Golden Dawn
42.17-18 | 69.22

Graduation

10.4	34.16	52.12
10.9	36.12	63.9
11.6	38.6	82.21-22
19.5	38.14	82.26-29
20.3	40.4	89.35
20.18	41.26	89.40
30.5	47.5-6	104.11

See also "Harvest"

Gravity

20.7	40.1	70.23
29.15-22	52.2-5	71.14
37.8	59.7	

Great Pyramid at Giza

3.6	51.6	64.9
3.12	55.11-16	66.23
3.15	56.3-6	66.25
4.6	57.12	89.14-16
23.6	59.15	96.21
23.8	60.13	

See also "Pyramids"

Great Record of Creation
60.16

Great Way (Archetype)
See "Archetype, Great Way"

Great Work
6.1 | 48.6 | 52.2

Guardians

7.9	20.28	50.5
9.6-9	21.8	51.1
9.18	21.14	52.12
12.3-5	24.4	54.10
16.1	30.14	67.13
16.5-6	48.8	95.22

See also "Protection"

Guides
Guidance System

12.14	36.12	69.3-6
14.18	54.3	70.11
18.8-9	67.28	86.7

See also "Angels" & "Higher Self"

Hair

19.9	49.5	106.4
19.13	69.0	
20.6	75.33-34	

Hall of Records
See "Akhashic Records"

Hanged Man (Archetype)
See "Archetypes, Significator of the Body"

Harmony

1.1	32.8-9	47.15
2.0	33.1-2	48.6-7
4.13	36.1	49.9
7.9	36.17	50.7
7.14-15	36.21-22	53.2
15.24-25	37.3	54.6
16.5	38.1	54.15-16
17.18	38.6	54.32
18.6	38.9	55.7
18.11	40.4	57.9
20.13	41.26	57.34
22.3	42.2	60.5
29.9-10	42.7	60.18
29.30	43.11	60.20
30.14	47.6	(Cont. ...)

(... Cont.)
61.5
62.13
64.8
65.12
66.3
67.28
67.31
68.16
69.6
71.14
71.21
75.28
77.9
77.17
80.4
85.11
87.6
88.14
89.35
91.38
92.3
92.5
94.9
95.2
95.4
95.16
96.4
96.22
97.6
99.5
99.11
100.15
101.2
101.8
103.8
103.20
104.4
105.4
105.22
106.5
106.13
106.17

Harvest

1.9
6.11
6.13-15
6.19
7.16-17
8.2
8.6
8.25
10.9
11.3
11.6
11.8
11.19
12.27-28
13.22-23
14.4
14.14-20
15.14-20
16.11
16.13
16.39-41
16.61
17.1
17.15
17.22-25
17.29
17.31-34
17.41-43
19.1-11
20.1-2
20.20
20.27-29
21.13-14
21.28
22.7-16
24.8
26.12
26.28
26.34
33.12-13
34.2
34.15-18
35.4-5
40.7-11
41.19
42.6
43.8
43.13-15
43.25
45.7
46.2
47.3-8
48.6-8
49.6
50.5
50.8
51.1
52.8-9
52.12
53.16
54.18
55.3-4
59.4
62.15-17
62.20
63.8-16
63.18-32
64.8
65.3
65.5
65.13-15
65.19
66.7
66.29-32
67.28
68.16
70.16
71.2-3
77.16
78.10
78.22
79.28
80.5
82.10-12
82.29
84.22
85.11
87.6
87.11-15
(Cont. ...)

(... Cont.)
89.26-35
89.39-41
89.45
90.19
90.22-23
91.17
92.18
93.5
98.6-7
98.14
104.18

See also "Earth Changes"

Harvestable

17.15
21.28
30.13
34.16-17
35.4
38.14
40.4
41.19
47.3
47.6
47.8
48.7
49.6
50.8
54.18
71.2-3
77.16
82.29
87.6
90.23
98.6-7

Hawk

23.1
96.11-12
97.3
97.5
97.7
105.12
106.23

Healing

2.2-4
3.14-15
4.5-20
5.1-2
6.1
9.3
10.9
11.7
12.31
14.4
14.6
14.10-11
15.14
17.18
18.10-11
21.3
21.5
21.7
21.9
22.6
22.21-23
22.28
23.6-7
23.12
26.26-31
27.1
29.31
29.33
34.10
35.8
36.2
38.5
39.10
40.12-14
41.21
47.8
48.7
50.13
54.31
55.1
55.11-17
56.3-7
57.4-33
58.3
58.7
58.23
59.8
59.11
59.17
61.6
61.10
61.13
62.4-6
62.10-11
62.26
64.15
64.20
66.5-16
66.28
69.6
70.17
71.6-8
73.10
73.13-14
73.17-19
75.10-13
75.35
76.8
77.9
77.25
78.5-6
82.24
83.24
84.2
84.6
85.16
86.12
(Cont. ...)

(... Cont.)
86.15 | 87.27 | 92.6 | 98.5 | 98.12 | 99.2 | 101.2 | 102.2 | 102.21 | 105.2-4 | 105.18 | 106.18

Allopathic Healing
64.15-16 | 66.10 | 98.5 | 102.2 | 102.17-21 | 103.4 | 104.7 | 104.18 | 104.22

Crystal Healing
2.2-4 | 14.4 | 14.7 | 22.21-23 | 23.6 | 27.1 | 29.23-31 | 33.3-5 | 55.16-17 | 56.3 | 57.4-12 | 58.3-6 | 58.18 | 60.31 | 66.5 | 88.7

Healing Through Fasting
40.14 | 41.21-22 | 105.4

Hebrew
74.17-19 | 75.26

Heraclitus
25.4

Hickson, Charlie
8.15-22 | 38.10-11

Hierophant (Archetype)
See "Archetypes, Significator of the Mind"

High Priestess (Archetype)
See "Archetypes, Potentiator of the Mind"

Higher Self
35.3 | 36.1-15 | 36.22 | 37.6-7 | 41.22 | 42.12 | 44.12 | 48.8 | 51.1 | 54.3 | 60.4 | 61.7 | 67.28 | 68.6-7 | 69.6 | 69.11 | 69.13-14 | 70.6-14 | 71.6 | 75.32 | 75.36 | 75.38 | 83.3 | 86.7-8 | 97.5 | 101.3-5
See also "Guides" & "Protection"

Himmler, Heinrich
35.5 | 36.12-15

Hiroshima
26.23-31
See also "Nuclear Energy"

Hitler, Adolph
7.14 | 11.7 | 35.4-5

Hole
6.1 | 65.2

Holograph
13.8 | 13.13 | 26.23

Holy Communion (Christian)
64.4 | 88.19

Homosexuality
31.8-10

Honor/Duty
Honor/Responsibility
2.2 | 3.6 | 4.20 | 5.2 | 10.8 | 16.18 | 16.41-42 | 17.25 | 18.6-8 | 22.5 | 22.26 | 23.10 | 23.16 | 31.17 | 33.1 | 34.17 | 35.8 | 36.9 | 36.12 | 37.3 | 37.6 | 44.2 | 51.1 | 54.10 | 56.3 | 57.12 | 60.16 | 73.16 | 80.5

Horus
23.1

Humor
21.9 | 37.5 | 53.9 | 57.1 | 67.26-27 | 91.8 | 106.20

Hypnosis
70.5

Ikhnaton

See "Akhenaten"

Illness

25.1, 66.13, 66.32, 83.2, 84.23, 101.5, 102.2, 105.4, 105.18, 106.13

Imhotep

23.8-9

Impatience

5.2, 34.6, 45.2, 82.3

In Potentiation

30.5, 35.1, 38.5, 41.17, 47.9-11, 48.10, 62.29, 79.20, 85.9-11, 92.20

Incarnation

See "Reincarnation"

Industrial Revolution

11.29, 26.13

Infinity/Infinite (adjective)

3.8-9, 4.2, 4.18, 5.2, 7.8, 7.12, 7.16, 9.14, 10.10, 10.13, 10.15-16, 11.26, 12.26, 13.7-13, 14.28, 15.7, 15.12, 16.21, 16.36, 16.38, 16.51, 16.53, 17.35, 18.1, 18.6, 19.1, 19.3, 19.17, 20.27, 26.36, 27.15, 28.7, 28.13, 28.16, 29.18, 30.14, 31.3, 32.12, 33.17, 37.6, 37.8, 39.10, 41.4, 51.2, 52.12, 54.9, 64.6, 65.17, 67.11, 70.5, 71.11, 72.7, 73.21-22, (Cont. ...)

(... Cont.) 78.15, 80.8, 80.10, 80.20, 81.8, 81.19-20, 81.23, 81.28, 82.4-6, 82.19, 83.9, 86.20, 90.9, 91.36, 100.4

Initiation

2.3-4, 3.15-16, 4.1-8, 14.6, 14.10, 17.18, 22.22, 23.6, 23.16, 41.23-24, 42.18-19, 55.11, 56.3, 56.6-7, 57.14, 57.24, 57.28, 58.23, 59.8, 60.16, 76.6-8, 83.3, 88.21-24, 94.7, 106.3, 106.12

Inner Earth

60.21-25

Inner Light

Inner Nature, Inward Fire, Polaris of Self, Guiding Star

29.6, 49.6, 54.27, 54.29, 56.3, 57.6, 57.14, 57.33, 73.8, 73.10

Inner Planes

6.11, 7.9, 10.1, 11.7, 12.14, 14.30, 16.44, 16.48, 17.1, 17.36-39, 18.10-11, 20.26, 21.5, 21.7, 23.6, 25.4, 25.6, 26.22, 26.25, 43.7, 47.8, 47.15, 51.1, 60.23, 63.25-26, 69.3, 69.6, 70.17, 71.6, 71.20, 74.12, 74.14, 83.3, 90.4, 90.25

Innocence

8.15, 19.15, 21.9, 30.1, 31.11, 32.1, 75.16, 92.10

Insanity

35.4	36.24

Inspiration

14.25	42.13	74.4
17.2	42.15	82.19
22.21	49.8	84.20
23.10	52.2	87.27
26.38	54.31	
38.2-4	65.12	

Instrument, The

See also "Psychic Greeting" & "Ra Contact"

Dedication/Purity

21.1	60.3	94.9
22.1	69.5	102.2
44.7-8	80.5	
46.6	94.7	

Martyrdom

44.1	92.3	104.3
75.14-15	100.3	106.4
84.4	103.8	

Intelligent Energy

3.8	26.24	51.5
4.14	26.38	51.10
8.2	27.2	52.2-3
9.4	27.5-7	54.7-8
10.15	27.12	54.11
12.31	27.17	54.19
13.7-9	28.2	54.23
13.13-15	28.6	54.27
14.32	28.11	54.31
15.9	28.13	58.12
15.12	28.19	58.19
15.21	29.2	58.23
16.5	29.23-30	61.13
17.18	30.2	63.6-7
18.6	31.3	63.19
18.15	36.7	66.10
19.1	39.10	73.13
19.3	41.4	76.8
19.12	47.4	80.21-22
19.20	47.8	92.10
21.13	47.15	92.13
22.3	48.7	92.18
26.22	50.8	

Intelligent Infinity

Infinity, One Infinite Creator, Unity

1.7	16.21	47.3-4
3.8-9	16.49	48.7
4.2	17.2	48.10
4.5	17.17-19	49.2
4.8	17.25	50.8-10
4.13-14	17.33	51.10
4.17-18	18.1	52.12
4.20	19.1	54.31-32
4.23	26.38	57.24
5.1-2	27.2-13	57.33
6.1	28.1-2	58.23
6.7	28.6	61.13
7.15	29.10	62.23
7.17	29.27	64.4
8.2	29.29-30	65.6
8.30	29.32	66.5
9.4	30.2	67.28
10.15	30.14	67.30
11.8	31.3	71.17
11.10	32.2	74.11
11.20	34.2	80.20-22
12.2	34.16	82.4
12.26	36.7	84.20
12.31	38.14	86.20
13.5-9	39.10	92.13
13.12-17	39.12	92.17-18
14.16	40.1	92.22
14.28	41.4	95.27
14.32	41.19	100.7
15.7	41.25	
15.12	44.13	

See also "Faith" & "One Infinite Creator"

Gateway to Intelligent Infinity

4.2	14.32	39.4
4.13	15.12	39.10
6.1	16.21	39.12
7.12	17.2	40.4
7.17	17.18	41.6
8.2	17.25	47.8
9.4	17.33	48.7
11.8	29.27-30	48.10
11.10-11	30.2	49.2
11.20	31.3	50.13
14.16	34.16	(Cont. ...)

(... Cont.) 52.2 54.31-32 57.24 57.33 58.19 58.23 61.13 63.19 64.4 65.6 66.5 67.28 67.30 73.10 73.13 74.11 84.20-21 86.20

Negative Contact With Intelligent Infinity
11.8 34.16 38.14 39.12 47.3-4 75.23 85.11

Intention
7.14 18.1 24.4 37.5 47.6 49.8 56.3 57.12 60.29 65.11 69.5 72.6-7 83.14 93.10 95.5 95.23 96.4 96.14 105.4 106.13

Intuition
19.11 19.13 26.38 30.2 37.3 38.4 49.4 58.23 65.17 74.4 78.34 88.17

Investment (Evolutionary)
13.12 13.21 14.1-2 30.13 46.2 77.24 90.11-12 105.10

Jefferson, Thomas
26.15-16

Jesus
of Nazareth, Jehoshua
17.10-12 17.16-22 33.11 73.13 73.16 75.14-15 75.17 88.19 104.25

"Second Coming"
17.22

Judaism
17.20 75. 14

Judas Iscariot
17.17

Judgment
5.2 7.9 26.8 32.9 38.5 44.1 78.11 78.28 93.3 94.9 100.4 101.8

Ka
47.11
See also "Indigo Ray Body"

Karma
9.2 9.18 10.1 10.4 12.28-29 16.61 17.20 18.12 34.4-5 34.17 35.1 35.8 71.20

King, Martin Luther
34.10-11

Knot of Fear (Maldek)
10.1 10.7 21.5

Kundalini
11.10 17.39 34.2 42.9 42.11 49.5-6 50.2 52.7 52.11 54.27 54.29-31 57.6 57.14 57.33 72.17 73.8 73.10 93.21-22

Larson, Dewey B. (Physics of)
20.6 20.7 27.14 28.1 28.18 39.4 41.20

Law of Confusion
Way of Confusion
3.14 11.19 16.1-2 16.6-7 16.9 20.26 21.9 26.36 27.10 36.19-20 48.4 54.13 58.7 61.8 (Cont. ...)

(... Cont.)

67.25	72.7-8	79.23
68.5	73.13-15	79.33
69.12	76.12	88.23
	79.10	98.5

See also "First Distortion"

Law of One

1.0-1	13.8	24.9
1.5	13.12	25.4
1.7	14.7-8	26.4-9
1.9-10	14.10-11	26.12
2.1-4	14.18	27.8
2.6	14.20	27.10
3.6	14.23-26	27.13
3.9-10	14.28	28.1
3.14	14.34	28.16
4.13-14	15.5-8	37.6
4.17	15.12	41.4
4.19-20	15.14	42.10
6.10	15.21-22	49.6
6.14	16.18-21	52.7
6.24-25	16.24	52.11
7.1	16.28-29	57.24
7.9	16.38-41	57.33
7.12	17.2	62.15
7.15	17.15	64.6
7.17	17.33	67.11
8.19	17.43	71.13
8.25	18.1	71.17
9.9-10	18.5-6	71.19
10.11-12	18.8	72.17
10.14	18.21	73.14
11.12	19.1	75.29
11.18	20.36	76.6
11.21	22.6	76.8
11.28	22.21	80.11
12.3	22.27	84.13
12.5	23.6	87.3
12.7	23.10	88.12
12.13	23.12	90.29
12.24-25	23.15	97.9
13.4	23.19	104.26

Law of Responsibility

20.17	60.16	101.8
22.5-6	60.27	104.3
23.15	76.21	
34.17	99.5	

Law of Squares (Doubling/Empowerment)

Law of Service, Law of Seeking

7.1-7	22.25	67.11
7.9	22.27	67.26-27
10.12-14	24.8	70.5
11.11	26.40	72.10
14.18	29.29	83.17
15.6-7	37.7739.1	89.30
17.2	62.15	89.39
17.30	65.15	
18.13	66.15	

See also "Calling"

Laws of Foreverness

3.10	27.10

Laws of Light

3.10	16.50	90.5

Laws of Love

3.10	14.10	22.21
9.10		

Laws (Natural)

13.13	28.1	46.14
13.15-16	28.5	47.2
17.18	28.8	54.17
18.6	29.2	70.17
19.12	29.11	71.11
22.27	29.16	77.17
27.15	41.4	78.20
27.17	41.8	93.14

Learn/Teaching

1.10	17.25	41.7
2.1	17.38	42.2
3.6	17.43	42.8-9
4.10	20.24	42.20
5.2	20.26	43.26
6.1	22.5	46.14-15
9.3	26.13	48.7
14.10	27.1	52.9
15.13	28.6	52.11
15.22	32.5	56.4
16.48	39.10	(Cont. ...)

(... Cont.)
57.29, 58.23, 60.9, 60.16, 71.6, 73.16, 73.22, 74.4, 74.11, 76.6, 76.8, 76.12, 77.23, 82.14, 83.3, 86.7, 89.18, 89.22, 89.25, 90.29, 93.16, 93.23, 94.14, 99.6

See also "Teach/Learning"

Lemuria

Mu

10.15, 14.4, 21.24-25, 21.27-28, 24.6

Lesser Banishing Ritual of the Pentragram

See "Banishing Ritual of the Lesser Pentagram"

Light

See also "Distortion, Third"

Downward Spiraling Light

Inner Light

4.5, 4.18, 6.1, 12.31, 49.5-6, 54.27, 54.29, 54.31, 56.3, 57.6, 57.14, 57.33, 59.11, 66.5, 72.17, 73.5, 73.7-8, 73.10, 73.19

Upward Spiraling Light

4.18, 6.1, 9.14, 13.15, 13.17, 13.23, 14.2, 19.3, 28.14, 29.16, 29.18, 30.5, 41.10, 49.5-6, 50.2, 54.27, 54.29, 54.31, 56.3-4, 56.6-7, 57.6, 57.14, 57.20, 57.33, 58.11-12, 58.19, 59.6-11, 59.13-16, 66.5, 66.22, 66.25-26, 72.17, 73.8, 73.10, 73.17, 74.5-6

Light Touch

18.6, 34.6, 50.7, 106.20

Light/Love

See also "Love/Light"

1.7, 3.4, 3.15, 4.20, 6.14, 7.17, 12.3, 14.20, 15.4, 15.9, 15.22, 16.21, 29.16, 51.1, 52.11, 64.6, 78.25, 87.6

Lightning Struck Tower (Archetype)

See "Archetypes, Potentiator of the Spirit"

Lincoln, Abraham

26.15, 26.17-19, 35.6, 35.8

Logos

13.7, 13.16, 15.21, 18.6, 19.12, 28.1, 28.6-7, 28.9-11, 28.13, 28.18, 28.20, 29.2-5, 29.13, 30.15, 39.4, 41.4, 41.8, 41.12, 41.18, 41.25, 47.2, 51.10, 52.12, 54.4-5, 54.9-10, 59.24, 63.29-30, 65.17, 71.13, 74.19, 76.17-18, 78.22, 80.22, 81.23, 81.33, 82.12, 91.35, 92.10, 92.13, 92.18, 93.5, 93.10

Love

13.7, 15.21, 18.6, 27.11-17, 28.1-6, 29.11-13, 47.2, 47.4, 54.27, 82.11, 92.13

Local Sub-Logos

28.20, 29.1, 30.14, 40.1, 41.4, 41.7, 41.12, 54.7, 54.17, 65.17, 74.4

(Cont. ...)

(... Cont.)
76.8
76.10
76.21
77.11-17
77.21
77.24
78.20
78.22
78.33
81.25
90.11-14
90.16-21
90.23-26
91.2-3
91.6
93.13-14
94.13
99.8
99.10

Milky Way (Galactic) Logos
13.15-16
15.21
19.12
28.8-10
28.18
29.2
29.4
29.32
30.15-16
41.7-8
52.12
63.27
63.29-30
65.17
71.11
78.8-10
78.22
80.22
81.24
81.32-33
82.5-6
82.8-9
82.12
93.5
93.7

Sub-Logos/Logoi
28.10-11
28.20
29.1-2
29.4-7
29.9
29.13
40.1
41.4
41.7
41.12
46.14
47.2
51.10
52.2
54.5
54.17
54.27
65.17
71.11-12
77.17-22
78.19-20
78.26
79.11-14
79.20
79.24
79.28
81.23-25
81.30
81.33
82.7-10
82.12
82.21
82.24
82.29
83.6
83.21
83.26
84.9
84.22
90.11
90.13-17
90.23
91.2-3
91.12
91.14-17
92.10
92.13
92.18
92.22
93.13-14

Logoic Bias
16.30-31
55.7
84.22
86.20
90.20-23
90.25-26
92.33
94.20
99.8
99.10
100.8
100.13

Local Sun Body (physical)
See "Solar System, Sun"

Love
See "Compassion," "Distortion, Second," & "Logos"

Love/Light
1.7
2.3
2.6
3.4
3.15
4.20
7.17
10.9
10.12
12.5
12.7
13.13
14.20
15.9
15.12
15.22
15.25
16.21
17.37
18.5-6
23.6
36.12
48.3
64.6
52.11
65.12
78.25
87.6
See also "Light/Love"

Lovers (Archetype)
See "Archetypes, Transformation of the Mind"

LSD
6.1
18.3
19.22
25.1
26.40

Magic
11.11
12.14
16.54-57
18.5
22.2
25.5
31.3
42.13
42.16-17
49.8
50.8-9
50.13
55.2
55.6
61.3
61.12
62.6
64.4
64.10
64.12
67.7-9
67.13-15
67.19
68.11-12
68.16
69.17
69.20
69.22
71.15-18
72.7-8
72.14
73.2-3
73.7-8
73.10
73.12
73.14
73.22
74.11-16
75.2-7
75.11
75.16
75.28-29
75.36-37
76.4-5
78.33
79.5
79.32-33
80.2
80.4
80.10
85.4
85.6-7
87.2-3
88.10
88.19
89.44
91.19
91.35
92.25
(Cont. ...)

(... Cont.) 93.18 93.21 93.24 94.20 95.3-5 95.7 95.24 96.4-5 96.14

White Magic
42.13-19 44.14-15 49.8 55.2 64.4 67.16-17 69.22 71.16-18 72.7 72.11-14 73.2-11 73.13-15 74.4-8 74.11-19 75.3-7 75.10-11 75.26-31 87.6 98.2

Magical Defense/Protection
32.1 44.10 63.5 64.4 68.11-12 69.3 69.5 72.7-8 72.13-14 72.17 74.12-14 75.2-4 76.2 91.38 95.4-8 95.14-15 96.4-5 101.7 103.16-19 105.6 105.8 106.9

Magical Personality
73.7 73.10-11 73.17 73.22 74.16 75.32 75.36-39 79.5 86.7 88.14 89.19

Magician (Archetype)
See "Archetypes, Matrix of the Mind"

Magnetism
4.18 30.10 31.7 48.2 49.4-6 50.2 56.3 57.18 58.3 58.5 58.16 59.7 59.16 59.20 60.10-12 67.27 68.7 68.14 76.9 93.3 98.16

Major Cycle
6.14-15 9.4 20.27 22.14
See also "Master Cycle"

Maldek
See "Solar System, Maldek"

Male/Female
5.2 26.38 31.7-8 31.10 54.3 74.4 78.36 84.22 87.27-28 89.36 91.18 92.20 92.25 94.14
See also "Female/Male"

Manhattan Project
11.23 26.20

Manipulate
See "Control"

Marijuana
19.22

Marriage
31.16 32.9

Mars
See "Solar System, Mars"

Martyrdom
42.6 44.1 60.3-4 72.10 75.14-16 81.8 84.4 92.3 100.3 103.4-5 103.8 104.3 105.2 106.4

Master Cycle
9.4 9.14 14.4 15.18 16.61 19.8 20.12 21.6-9 21.13 21.25 33.12 59.5 69.12
See also "Major Cycle"

Masturbation
31.11

Matrix (Archetype)
See "Archetypes, Matrix"

Meditation

10.14, 12.1, 15.14, 17.40, 19.13, 21.3, 23.16, 25.2, 38.10, 41.1, 42.13-16, 43.31, 44.10, 44.13, 46.2, 49.6-8, 50.12, 52.11, 54.32, 57.13-14, 57.24, 58.14, 58.16, 59.23, 60.2, 60.25, 60.27, 61.11, 63.17, 66.12, 66.18-19, 66.28, 69.19, 71.5, 73.20, 75.8, 78.36, 99.5, 101.2

Memory

4.2, 6.20, 6.23, 11.10, 16.22, 21.3, 30.2, 31.16, 36.24, 37.6, 38.9, 50.7, 64.14, 64.20, 65.19, 66.6, 67.11, 68.14, 70.5, 84.8, 85.9, 86.10, 91.7, 92.14

Men In Black

12.20-23

Mental Illness

40.15-16, 66.32, 66.34

Mesopotamia

76.6

Metal-Bending

40.15, 50.10, 58.19-23, 63.16-19

Metaphor by Ra

19.17, 50.7, 54.6, 54.8, 54.16, 65.9-10, 76.4, 82.25, 82.28, 99.11, 104.26

Mind

Cosmic Mind

22.1, 30.2, 49.5, 67.28, 74.4, 90.14, 91.2-4, 91.17

Archetypal (Archetypical) Mind

16.49, 30.2, 42.16, 65.22, 66.21, 67.28, 67.30, 71.13, 74.4, 76.8-12, 77.12-14, 77.21-23, 78.11-13, 78.18-20, 78.26, 78.30-33, 79.13-15, 79.17, 79.20, 79.28-30, 80.20, 88.14-15, 88.17-19, 88.23-24, 89.19-20, 89.23, 89.25-26, 89.44, 90.11, 90.13-18, 90.20-21, 90.27-30, 91.3-4, 91.7, 91.14-18, 91.25, 91.34-37, 92.8, 92.11-12, 92.16-17, 92.34, 93.13-14, 93.23-24, 94.18, 97.9, 99.6, 100.10, 101.4, 104.26, 105.2, 105.9, 105.19

See also "Tarot"

Planetary Mind

Racial Mind, Mass Mind

2.4, 3.10, 5.2, 7.16, 10.6, 10.8, 14.32, 30.2, 31.16, 38.9, 40.8, 40.11, 41.14, 43.5-6, 66.31, 67.28, 90.14, 91.5-7, 91.12

See also "Akashic Record"

Tree/Roots/Trunk of Mind

10.14, 11.17, 16.49, 20.33, 22.1, 30.2, 36.10, 41.21, 42.16, 50.2, 52.2, 61.13, 64.4, 65.17, 66.13, 67.28-30, 76.8, 77.13, 78.26-27, 84.8, 86.12, 90.14, 90.21, 91.7, 91.12, 99.8

See also "Unconscious"

Unconscious/Subconscious

See "Unconscious"

Mind Complex

Mind

3.1	36.10	77.6
3.16	39.1	77.12-13
4.17	40.14	78.10-12
5.2	41.21	78.19
6.1	46.2	78.31
10.3	46.9	78.33
10.8	46.12	79.13
10.14	49.4-5	79.37
11.17	49.8	79.40-42
16.48-49	51.5	81.14
18.19	52.2	83.19
19.11	53.11	84.13
19.13	56.1	86.18
19.20	61.2	86.20
19.22	61.9	88.16-17
20.33	61.13	90.14
22.1-2	63.31	90.28-29
23.7	64.4	92.19
26.13	65.17	94.3
30.2	66.34	94.11
30.4-5	67.23	97.10
31.15	67.30	106.4
32.10	73.22	106.22
35.8	76.8	

Mind/Body

2.2	19.20	39.10
4.18	20.3	46.9
9.4	29.9	86.18
10.1	30.5	106.4
13.21	30.7	
18.18-22	31.4	

Mind/Body/Spirit Complex

1.7	11.10	17.15
3.8	11.17	17.18
3.16	12.10	17.30
4.9	12.31	17.38
4.10	13.21-22	18.6
6.1	15.9-10	18.15
8.16	15.12	19.7
10.6	15.14	19.20
10.9	16.59	20.24
11.8	17.1	(Cont. ...)

(... Cont.)	54.5-9	79.17
20.32	54.11	79.19
21.9	54.13-17	81.27
26.23	54.24-25	82.12
26.38	54.27	82.17
28.13-14	54.30	82.22
29.7	57.6	83.16
29.10	57.9	83.19
29.23-27	59.11	84.4
30.2-5	60.16	84.10
30.7	63.7	86.7-10
31.2	63.14	86.15
32.7	63.25	86.18
33.8	63.28	87.17
34.8-9	63.32	87.22-23
36.1-2	64.10	87.25
36.4-9	65.16-17	88.17
36.11-12	65.19	88.23
37.6	66.9	90.6
40.12	66.12	90.23
41.14	66.14	90.28
41.21	67.4	91.11
43.14	68.11-17	92.11
43.30	69.7	92.13
46.2	70.7-11	92.17-19
47.8	70.14-15	93.10-12
48.2	72.5-7	94.10-11
48.7-10	72.10	95.18
49.5-6	73.8-9	95.25
50.2-3	73.21	97.17
50.9	74.3	98.5
51.1	76.1-2	98.14
51.4-6	76.21	100.9
51.8	77.10	101.2
51.10	77.15	105.4
52.2	77.17	105.13-14
52.11	78.19-20	105.16
54.3	79.6	105.18-20

Mind/Body/Spirit Complex Totality

9.2	36.4	50.7
10.9-10	36.8	51.1
12.10	36.10	51.8
16.22	36.12	51.10
34.8	37.6-7	52.9
35.3	47.11	73.10
36.1-2	48.8	75.36

Mind/Body/Spirits

32.5, 36.21, 47.2, 50.7, 77.17, 82.12, 83.6, 84.10, 84.22, 85.17-18, 86.20, 87.18-21, 93.5, 104.26, 105.18-19

Mind/Spirit (Spirit/Mind)

15.12, 17.38, 35.8, 47.8

Mixed Contacts

12.5-9, 12.15, 14.13, 16.18-19, 18.24, 21.20, 24.8-16, 26.34, 26.36, 60.18, 62.14, 62.20, 62.23, 67.7, 67.20, 68.16-17, 72.7-8, 80.3-7, 87.9-10, 89.6-7, 90.3-4, 100.4

Money

11.28, 22.5, 23.15, 34.10, 60.16

Moon (Archetype)

See "Archetypes, Experience of the Spirit"

Mu

See "Lemuria"

Muhammad

2.2

Mummies

60.29

Mystery, The

1.10, 13.13, 16.21, 16.27, 18.1, 22.21, 27.7, 28.1, 28.16, 52.11, 97.9

See also "Intelligent Infinity," "One Infinite Creator", & "Unity"

Third-Density Variety

3.14, 6.25, 7.12, 17.2, 24.9, 26.21, 78.33, 79.21, 79.40, 80.10, 84.20, 86.20

Nagasaki

26.23-31

See also "Hiroshima" & "Nuclear Energy"

Narrow Band Channel

See "Channel, Trance"

Narrow Band Vibration

1.0, 15.1-2, 18.1, 30.17, 33.1, 59.23, 61.12, 64.5, 65.4, 72.17, 74.2, 85.20, 88.10

Natural Laws

See "Laws, Natural"

Nazca (Lines of)

20.39-43

Negative Contact with Intelligent Infinity

See "Intelligent Infinity, Negative Contact With"

Negative Path

Left-Hand Path

7.17, 17.32-33, 19.15, 20.29, 32.2, 32.5, 35.4-5, 36.12-14, 46.7-12, 47.5, 50.6, 54.9, 54.22-23, 54.25, 55.3-6, 62.16, 62.20, 64.5, 64.16, 67.8, 68.6, 68.15-18, 69.11, 71.8, 73.4, 78.25, 80.8, 80.10, 85.9, 86.22, 87.7-16, 89.27, 90.4, 90.20-23, 93.8, (Cont. ...)

SEE PAGE 138-139

(... Cont.)
16.15-19, 16.57-61, 17.0, 17.16-17, 18.20-22, 18.24-25, 20.29-35, 21.21-23, 24.6, 24.8, 24.11-14, 24.16-17, 25.1, 25.4-6, 25.10, 26.19, 26.33-34, 31.12, 31.15, 38.14, 43.7, 48.6, 51.2-3, 53.10-11, 53.14-17, 53.22, 55.4-6, 60.27, 62.1-2, 62.14-21, 67.7, 68.5, 69.9, 69.17, 72.5-6, 72.15, 72.17, 75.17, 77.8, 90.4

Other-Self
5.2, 12.13, 14.5, 15.4, 16.5, 17.2-3, 18.5-6, 18.12, 19.5, 20.26, 20.36, 25.1, 26.34, 26.38, 30.5, 30.10, 31.3, 32.1, 32.5-7, 32.9, 33.9, 33.11, 33.14-17, 34.5-6, 36.15, 38.5, 40.13, 41.4, 41.14, 42.10, 42.20, 42.3-4, 45.1, 46.9-10, 46.12, 47.13-14, 47.5, 48.6-7, 50.7, 52.9, 55.3, 56.3, 58.6, 60.8, 60.16, 61.6, 61.10, 64.5, 66.8-9, 67.7, 67.21, 68.18, 69.17, 71.5, 73.22, 74.9, 74.11, 76.3, 80.11, 82.17, 83.18, 83.27, 85.8, 86.20, 86.22, 87.21, 90.26, 99.8, 101.2, 101.8, 105.2

Oversoul (Group)
7.16, 36.22, 37.7, 52.9

Parallel Existence
11.3, 36.2-5

Paranormal Ability
6.1, 65.6, 88.23

Patton, General George
34.17, 36.10

Perfect
4.20, 10.15, 12.31, 15.8, 19.20, 30.5, 36.7, 38.5, 42.4, 42.15, 47.7, 51.5, 52.7, 52.9, 55.6-7, 57.33, 64.15, 67.11, 75.15, 75.24, 78.5, 84.4, 95.25, 105.4, 105.17

Imperfect
4.20, 8.10, 62.7, 92.14

Pericles
25.4

Personality
1.10, 2.2, 3.16, 12.30, 17.15, 35.4, 51.2, 52.2-3, 52.7, 54.15, 60.13, 71.15, 72.11-12, 73.17, 74.9, 74.11, 75.32, 79.5, 81.27, 83.3, 89.35

Magical Personality
See "Magical Personality"

Peru
10.15

Pets
14.1, 20.3

Philadelphia Experiment
26.20

Physics
See "Sciences, Physics"

Plane

17.38	90.25

Astral Plane (Green)

10.1	17.36-37	63.25
11.7	26.25	95.4
16.44	43.7	96.2
16.50	47.8	

Devachanic Plane (Blue)

17.36-37	47.8

Etheric Plane (Indigo)

15.4	47.8	66.26
17.1	47.11	

Earth Plane

15.20	20.34	25.4
18.7		

Inner Plane

See "Inner Planes"

Physical Plane

17.38-39	23.19	35.8
18.5		

Planetary Consciousness

Planetary Entity

2.4	13.15-16	25.7-8
6.15	15.20	29.9-10
6.24-25	16.25	30.14
8.15	16.32	37.7
9.4	16.61	53.16
11.18	20.26	65.16-17
11.26-27	21.17	

Planetary Healing

2.4	26.27-28	50.9
14.7	26.30-31	57.9
14.10	30.14	

Planetary Sphere

Planetary Body

2.2-4	8.7	10.1
6.6	9.2	10.4
6.10	9.7	10.6-7
6.13	9.13	11.3-4
6.16	9.18	(Cont. ...)

(... Cont.)	19.7	60.20-21
11.18	19.12	62.29
11.26	20.13	63.8
13.9	20.19-21	63.15
13.15	21.5	63.20-21
13.22-23	21.17	63.24-25
14.3	21.27-28	63.27
14.7	24.4	63.31
14.10	26.20	65.10
14.23	26.27-28	65.16-17
14.32	26.30-31	65.19
15.4	28.6	66.29
15.9	29.9-10	66.31
16.1	30.14	66.34
16.6	30.16	67.20
16.13	31.8	68.14
16.25	41.4	72.8
16.30	41.12	73.3
16.33	41.15	74.4
16.59	41.26	82.7
17.0-1	43.28	88.23
17.11	48.8	89.11-12
18.6	49.5	91.13
19.4	59.4-5	

Planetary Vibration

Aura, Electromagnetic Field, Energy Web

2.3	14.10	49.8
4.6	15.4	50.8-9
8.7	15.9	59.20
12.7	22.11	65.12
12.30	41.4	71.16
13.23	42.7	88.23
14.7	49.5	

Planets (Inhabited)

16.24-25	71.9	71.11

Plenum

Nothingness

6.7	82.6	82.10

Polarity (General)

1.1	4.10	10.1
1.5	4.20	11.20
1.7	5.2	19.16
2.2	8.7	(Cont. ...)

(... Cont.)
19.20
20.29
24.8
25.4
25.6
27.6-7
28.18
29.32
26.38
31.2
31.7
31.10
31.13
32.8
32.10
36.18
39.4
39.11
45.10
49.5
52.6
53.3-4
53.10
53.24
54.133
54.13
57.14
57.33
58.5
58.11
61.10
63.7
63.9
65.12
66.5
66.20
66.29-31
68.15
69.18
77.6
78.13-14
78.19
79.7
79.28
79.33
80.14
83.3
84.9
84.13
85.4
85.7
87.2717
87.22
87.27-28
89.6
89.19
89.26
89.45
91.18
91.35
92.20
95.22-23
97.5

Polarity (in Consciousness)

8.12
12.25
16.6-9
16.15-20
16.59
17.1
17.16-17
17.19
17.23
17.33
19.15-19
20.9-11
20.17
20.26-27
22.5
25.1
25.5
26.34
26.38
27.1
28.18-19
29.10
29.33
30.1
31.2-4
31.7
31.12
31.14
32.1-2
32.14
33.8-9
33.11-12
34.10
34.14
34.17
35.1
35.4-5
35.8
36.11-12
36.14
36.16-17
38.9
38.14
41.14
42.7
42.9
42.18
44.15-16
46.7-12
46.14
46.16
47.4-6
48.6-8
49.3-4
49.8
50.6-9
52.7-9
53.16
54.19
54.22
55.3-4
55.7
57.6
60.16
62.15
62.17
63.18
64.6
(Cont. ...)

(... Cont.)
64.16
65.5
65.7
65.12-14
66.17-18
66.31
66.33
67.3
67.7
67.9-11
67.26-27
68.6-8
68.10
68.17-18
69.3
69.5
69.7
69.9
69.11
69.14-15
69.17
70.23
71.2-3
71.8
71.14
71.16-17
72.7-8
73.3-4
73.11-12
73.13
73.18
73.22
74.16
75.16
75.19
75.35
77.13
77.15-17
77.19-22
78.8
78.16
78.20
78.23-26
79.32-33
80.5
80.7
80.11
80.15
81.29-31
82.18
82.21-23
82.26-29
83.13
83.16-18
84.16
84.18
84.21-22
85.4
85.7
85.9
85.18-19
86.5
86.7
86.12
86.15
86.18
86.20
86.22
87.5-8
87.11-12
87.14-15
87.25
89.25
89.29
89.31
89.34-35
89.39-41
89.44
90.18
90.20-23
91.23
91.28-30
92.5
92.10
92.20
92.22-24
92.33-34
93.3-9
94.11-13
94.16
94.19-23
95.20
95.25-26
97.13
97.16-17
100.3
100.6
100.8-9
100.13
101.3
103.15
105.13

See also "Service to Others" & "Service to Self"

Positive Path

Right-Hand Path

1.0
10.11-12
15.14
17.33
18.5
18.12
19.17
32.1-2
43.8
46.13
46.16
49.6
50.8-9
52.2
52.7
52.11
54.21
54.25
55.7
60.18
(Cont. ...)

(... Cont.)	75.23	94.9
64.4	80.10-12	94.12
64.16	80.15	94.19-20
66.33	82.3	95.21-25
73.4	83.17-18	99.5
73.20	84.4	99.8
74.9	89.29	101.8
74.11	92.33	102.21
75.15	93.9	

See also "Service to Others"

Possibility/Probability Vortex

See "Probability/Possibility Vortex"

Potentiate

Potentiation

28.1	41.4	84.20
31.2	48.6-7	85.9-11
35.1	51.10	91.20
36.12	52.7	92.13
38.5	57.6	92.19-20
39.4	78.34	92.30
39.10	78.37	92.34
40.1	79.20	93.10

Potentiator (Archetype)

See "Archetypes, Potentiator"

Power

1.1	17.17	31.14
2.2	19.18	32.2
3.8-11	20.30	34.9
6.1	20.32	34.12
7.15	20.40-41	35.1
8.2	22.23	35.3
8.6	22.28	38.14
8.11	23.3	44.1
10.13-14	23.6	44.15
11.19-20	23.12	47.3
11.26	23.15	49.8
11.31	24.17	50.6
12.5	24.19	50.8-9
15.12	25.1	52.7
15.14	25.5-6	54.22
15.22	27.13	56.3
17.5	29.31	57.12
17.7	30.3	(Cont. ...)

(... Cont.)	68.16	87.6-8
57.17	68.18	87.12-16
57.30	69.17	89.5
58.3	74.15	89.35
59.17	74.17	90.5
60.16-18	75.4	90.12
62.16	75.32	93.18
63.19	75.39	93.21
64.6	78.7	94.15
64.10	78.11	94.20
64.20	80.7-8	97.16
66.30	80.14	99.5
67.13-14	80.18	103.5
67.28	82.10	103.12
68.12	85.7	

Prana

14.2	58.14-15	59.19
41.10	58.19	60.13
56.3	59.6-7	66.5
57.33	59.10-11	66.26
58.12	59.16	73.17

See also "Light, Upward Spiraling" & "Distortion, Third"

Prayer or Contemplation

10.14	49.6	89.21
12.1	49.8	94.21
15.14	60.2	103.8
21.3	71.5	104.3
22.2	77.6	105.4
42.6	86.23	105.17

Pre-incarnative Choices

See Reincarnation, Pre-incarnative chocies

Pre-veil

See "Veil of Forgetting, Pre-veil Conditions"

Primal Distortion

See "Distortion, Primal"

Primary Energy Center

See "Energy Center, Primary"

Probability/Possibility Vortex

Possibility/Probability Vortex

11.3, 11.6, 16.53-54, 16.56, 17.5, 19.21, 33.12, 36.2-4, 40.8, 43.25, 50.5, 56.3, 60.20, 64.19, 65.2, 65.6, 65.9-10, 65.12, 68.14, 69.5, 98.15, 102.2, 102.17, 104.9, 104.11

Probert, Mark

7.10-11

Programming, Incarnational

8.21, 10.1, 17.1, 17.11, 21.9-11, 23.12, 31.6, 33.6-7, 33.9, 34.5, 34.8, 34.17, 35.1, 35.3, 36.1-2, 36.4, 36.6-7, 36.10, 41.22, 42.12, 48.7-9, 50.4-5, 54.19, 54.21-24, 55.1, 60.4, 60.8, 61.2, 61.7, 65.11-12, 66.18, 66.34, 67.7, 68.16, 69.6, 71.6-7, 72.17, 73.19, 75.13, 83.27, 84.3-4, 87.17, 92.10-12, 94.7, 95.25

Prophecy

65.7, 65.9-10, 86.7, 86.13

See also "Divination"

Protection

See also "Guardians," "Higher Self," & "Psychic Greeting/Attack"

19.9, 32.1, 33.1-2, 33.11, 36.21, 44.10, 45.11, 46.2, 57.6, 57.12, 59.2, 62.1, 62.7, 63.5, 64.4, 64.21, 67.3, (Cont. ...)

(... Cont.) 68.5, 68.12, 68.16, 69.18-19, 72.2, 72.5, 72.7-8, 72.14-15, 72.17, 73.23, 74.14-15, 75.2-8, 76.2, 76.4-5, 77.3-5, 80.2, 83.14, 91.24, 91.38, 92.32-33, 93.8, 94.19, 95.22-26, 99.7-8, 100.13, 103.16-19

<u>Protection of the Ra contact</u>

See "Ra Contact, Methodology"

<u>Those who offer protection</u>

6.7, 30.14, 50.5, 69.3-6, 70.11

<u>Violet-Ray Shell Protection</u>

57.6, 57.12

Psychic Greeting/Attack

25.1, 44.10-11, 46.1-2, 53.1, 53.22, 55.1-2, 56.1, 57.1-3, 61.4-5, 62.0-14, 62.20-26, 63.1-5, 63.32, 64.5, 65.1, 67.1-4, 67.6-15, 67.19-23, 67.26-27, 68.4-7, 68.10-18, 69.3, 69.5, 69.7, 69.9, 70.3-4, 70.6-7, 72.4-9, 72.14-15, 72.17, 75.8, 75.14, 75.17-19, 76.2, 77.2-6, 77.8, 77.24-25, 78.1-3, 78.5, 78.38, 80.1-9, 81.1-2, 85.3-9, 86.4-5, 87.5-7, 87.9, 88.2-3, 89.2-4, 89.6-7, 90.2-4, 92.2, 92.4-5, 93.2, 94.2-3, 94.6, 94.30, 95.2, 96.2-3, 96.22, 97.2, 97.15, 97.20, 98.3-5, 98.15, 99.4, 100.3, 101.2-5, 102.2, 102.10, 103.6, 105.2, 106.2, 106.4, 106.12, 106.16

See also "Protection"

Psychic Sensitivity

44.3-6 | 44.10-12

Puharich, Dr. Andrija

7.10-11 | 21.3-4 | 39.6-9
12.1 | 23.11 | 84.7-8
12.10 | 39.4

Purity

4.8 | 57.17 | 78.32-33
10.9 | 58.23 | 80.5
12.28 | 60.3 | 81.5
17.11 | 60.18 | 82.10
21.17 | 62.6 | 85.19
23.7 | 67.7 | 88.17
25.6 | 67.15 | 94.9
26.36 | 69.5 | 94.26
29.27 | 70.23 | 95.23-24
30.4 | 71.14 | 96.2
37.4 | 72.7 | 96.4
38.5 | 73.2 | 96.15
39.1 | 73.4 | 98.2
40.4 | 73.13 | 98.5
41.19 | 73.22 | 99.3
41.21 | 74.16 | 100.4
55.5-7 | 74.19 | 105.4
57.14 | 78.24 | 106.13

Pyramids

See also "Great Pyramid at Giza"

2.2 | 23.6-8 | 60.28-30
3.6-8 | 23.10 | 61.13
3.10-16 | 27.1-2 | 64.9
4.1-8 | 45.4 | 66.5
14.4 | 58.8-11 | 66.11
14.6-11 | 59.18-23 | 73.18
22.21 | 60.13-14 | 96.21

Angles

55.15 | 57.15 | 57.30-32
56.4

Caution

4.6 | 57.12 | 60.16
4.8 | 57.17
56.3 | 57.30

Chamber: King

55.11-12 | 56.5-6 | 65.20-21
55.16-17 | 57.12
56.3 | 57.16-17

Chamber: Queen

55.10-11 | 56.6 | 57.24
56.3 | 57.14

Chamber: Resonating

3.16 | 59.17 | 65.20-22
55.13

Purpose

2.4 | 23.16 | 55.9
3.14

Focusing the Spirals

50.11 | 57.18 | 59.6-7
56.3 | 58.12 | 59.11-12
57.15 | 58.17

Geometry

4.7 | 57.19 | 58.13-16

Healing

23.7

See also "Pyramids, Chamber: King"

Initiation

3.15-16 | 4.5 | 4.7
4.2

Positive Use: Energizing

57.13 | 59.16 | 66.22-28
57.20-23 | 60.10

Positive Use: Meditation

56.3 | 57.18 | 60.16
57.15

Spiral, Zero

59.6-7 | 59.10-13

Spiral, First

56.7 | 58.23 | 59.8

Spiral, Second

58.19-23 | 59.9 | 59.13-15

Spiral, Third

57.20 | 59.10 | 60.10-12
58.23-24 | 59.16

Quarantine (of Earth)

6.25	16.1-7	67.13
7.8	16.13	67.19-20
7.12	17.27-28	72.8
8.15	21.8	90.4
9.9	23.16	100.4
12.3	24.8	
12.5-7	26.34	

Questioner, The

4.13	44.12	105.12
11.12	64.20	105.22
37.3	67.23	106.3
38.1	69.22	106.12-13
42.14	102.21	106.22-23

Ra

Limits of Ra's Knowledge

81.16	81.21	85.15
81.18	82.14	90.12

Ra's Communication

1.1	18.1	71.20
1.10	21.1	72.17
2.0-2	22.26-27	76.8
3.6	23.16	80.0
8.31	28.16	80.5
9.3	37.4	83.28
15.1	48.3	87.17
15.13	55.7	89.18
17.2	60.9	100.4

Ra's Form

6.4	23.16	64.6
8.20	27.2	90.12
23.6	41.4-6	

Ra's History

1.1	6.21-23	81.29
1.3	14.19-22	88.13-16
1.5	16.21	88.18-21
2.2	41.26	89.8-13
2.4	60.30	89.16-17
6.4-5	76.11	89.22
6.7	81.22-27	89.26-43

Ra's Work on Earth

1.0-1	14.4-6	60.16
1.3	14.18	60.27
1.5	14.20	60.29
2.2	14.23-27	71.20
2.4	23.1-10	88.21
6.4	26.10-11	88.24
6.7	26.21-25	90.29
6.21-22	48.3	

Ra Contact

Energizing the Instrument/Contact

1.11-13	55.1	78.38
3.4	56.2	82.2
5.3	61.12	86.23
11.2	64.4	91.37
15.23	64.20	93.23
17.44	69.2	94.7
18.4	74.18	96.21
18.26-27	75.10	99.9
19.22	76.2-3	101.9
22.29	77.25	102.20
33.1	78.7	

Energizing the Instrument through Sexual Energy Transfer

39.2	68.2	81.7
44.1	72.16	83.2
44.13	76.2-3	87.27
48.2	79.2-4	

Maintenance

3.17	26.29	62.0-14
6.27-29	26.37	62.26
13.26	26.39	66.1-4
18.4	28.12	75.9-11
21.29	28.17	77.10
22.2	30.17	78.5
24.2-3	31.1	79.43
24.5	34.1	94.3-4
24.7	44.1-2	94.9
24.15	44.7-9	97.14
24.18	44.13	97.19-20
24.21	45.1-2	98.15-17
25.2-3	45.12	101.1
26.9	46.6	102.1
26.14	60.1-9	(Cont. ...)

(... Cont.)	104.1-2	105.11
103.2	104.20-21	106.16
103.15-20	105.1	106.20

See also "Harmony"

Methodology

1.11-13	5.1	64.5
2.0	5.3	74.3
2.6	6.3	88.10-12
3.1-5	6.26	
3.18	55.7	

See also "Channel, Trance"

Pre-Requisites

1.11	37.3-5	69.5
2.0-1	39.9	71.21
6.20	53.2	74.3
12.1	61.4	95.10-17
14.25	62.13	
36.21	64.5	

Racial Mind

See "Mind, Racial"

Random

6.1	30.5	66.33
7.14	31.4-6	67.20
8.15	33.12	83.3
13.8	41.10	83.5
13.16-17	42.8	84.22
16.4-5	46.9	90.15
17.27-28	50.5	92.11
22.17	54.17	95.19
23.7	61.7	95.24-26
24.8	62.21	101.3
26.38	64.16	

Reincarnation

See also "Seniority of Vibration"

4.9	10.15	21.9-10
6.11	11.11	21.28
6.13	11.29	22.6
9.2	15.20	22.15
9.7	17.1	23.12
9.21	17.41	31.4
10.1	18.15	31.8
10.4	19.9	31.10
10.12	20.12	(Cont. ...)

(... Cont.)	50.7	82.25
33.6-7	52.7	83.7
33.12	54.23-24	84.20
34.17-18	68.6	92.11
35.1	68.10	92.16
40.16	70.14-15	92.18
43.11-12	70.17	97.5
48.7-8	71.6-7	
50.5	76.21	

Automatic

21.9	48.8	82.25
21.11		

Between Incarnations

10.12	48.7	82.28
21.9	50.7	83.6
22.6	71.6	
43.12	82.24-25	

Pre-incarnative Choices

8.21	61.2	83.27
31.6	61.7	84.3-4
35.3	65.12	85.16
50.5	66.34	87.9
53.1	67.7	87.17
54.21-22	67.23	92.12
55.1	68.16	94.3
57.3	72.17	94.7
59.3	73.19	95.25
60.3-4	75.13	102.10
60.8	81.1	

Religion(s)

1.5	17.22	73.16
2.2	22.15	75.14
14.1	23.1	75.17
14.28	42.13	84.13-14
16.15-20	47.8	88.19
17.15	60.17-18	104.25
17.20	73.13	

Repression

41.19	46.11-13	52.7
42. 9-10		

Reproduction
See also "Sexuality"
Cloning
18.15 | 18.20 | 24.6
Bisexual Reproduction
18.15-18, 18.20, 26.38, 30.7, 30.9-13, 31.2-7, 31.9, 32.6-8, 41.15, 63.27-28, 83.4

Responsibility
1.1, 2.2, 4.20, 5.2, 7.9, 10.12, 16.33, 16.42, 18.7-8, 22.26, 23.10, 24.6, 33.1, 48.8, 61.7, 66.10, 80.5, 94.9
See also "Honor/Responsibility"
Responsibility, The Law or Way of
See "Law of Responsibility"

Rhythm of Reality
27.6-7, 27.13

Robot
12.18-20

Roosevelt, Eleanor
35.1-3

Roosevelt, Franklin
35.1-3

Russia
8.6, 10.15, 17.3-5, 17.7, 21.24, 65.8

Sacrifice
37.3, 42.15, 55.7, 69.5, 93.24, 103.8
Human Sacrifice
23.16
Price
35.1, 44.2, 61.12, 62.26, 71.1, 72.10, 81.8, 83.2, 84.20, 94.26

Saints Teresa, Augustine, Francis
22.15

Salt Cleansing
95.4-8, 96.5, 96.14, 101.7, 105.6, 106.9, 106.21

Sanskrit
74.17-19, 75.26-31

Sarcophagus (Archetype)
See "Archetypes, Transformation of the Spirit"

Sasquatch
See "Bigfoot"

Schweitzer, Albert
34.10-11

Sciences
Astronomy
11.4, 16.24-30, 16.37-38, 28.6-11, 29.1-5, 29.18-19, 29.32, 30.15-16, 40.2, 41.4, 71.9-10, 78.8-9, 81.19, 81.28-31, 81.33, 82.6-10, 82.13
Biology
18.15, 18.20, 19.9-11, 20.12-17, 20.24, 21.13, 23.13, 31.6, 41.11-12, 49.4, 63.7, 66.13, 66.25-28, 90.5-12
Evolution
9.4, 9.16-17, 13.16-21, 16.28-29, 16.37-38, 21.13, 27.8-9, 28.6, 28.10-11, 28.13-16, 28.19-20, 29.2, 29.6-11, 29.13, 29.18-20, 30.1, 30.5-16, 36.15, 36.17, 37.3, 39.4, 40.1-11, 41.4, 41.8-10, 41.12, 41.18
(Cont. ...)

(... Cont.)
45.11
47.2
48.8
50.5
51.5
52.2
52.11
54.24
63.27
65.17
70.22
71.6
71.11-13
77.10
78.8
78.10
78.13
78.16
78.19-22
78.33
81.30-32
82.4-5
82.10-13
83.25
88.16
89.26
90.5
90.11-13
90.15
90.18-19
90.24-26
90.29
91.35-36
92.11
92.19
93.14-16
105.14-16

Physics
20.6-8
27.6
27.14-17
28.1-5
28.8
28.18
29.1
29.12
29.14-23
29.30
39.4-5
40.1-3
40.5-6
40.9-11
40.15
41.4-5
41.9
41.20
70.22
75.26
75.33-34
78.9

Scientists
8.6
9.16
11.22-29
17.8-9
26.20
28.5
39.4
41.12
44.12

Scribe, The
7.10
11.2
38.1
54.2-3
59.3
59.21
61.7
67.23
85.16
89.7
96.3
99.5
101.2
101.5
105.4
105.11

Seeker
7.17
15.13
17.30
50.2
56.3
57.33
60.18
66.5
66.9
66.12-13
67.30
75.23
76.9
83.16
84.20
85.19
88.17
94.9
95.24
97.9
99.8

Seeking
1.0
1.7
2.2
2.4
2.6
3.4
3.9-10
4.14
7.15
7.17
8.1
10.12-14
11.17
11.20
11.28
12.14
14.14
14.19
14.26-27
15.7
15.12-14
16.11
16.22
16.32
17.2
17.20
17.30
18.5
20.27
22.17
23.1
23.8
23.10
26.8
26.38
27.13
29.16
29.18
29.27
29.29-30
30.7
31.3
31.9
32.9
36.14
37.4
41.6
41.14
43.31
48.6
49.6
50.11
51.1
53.8
54.3
56.3
57.14
57.24
57.33
58.23
60.26-27
62.4
62.20
64.6
64.16
65.2-7
65.11-12
65.15
66.4
66.11-12
66.14
66.16
68.5
68.12
68.16
70.4
72.17
73.10
73.22
74.8
74.13
75.15
75.23-24
75.31-32
76.8-9
76.21
79.37
79.42
80.8
82.29
83.3
83.14
83.17
84.7
84.18
84.20
86.18
86.20
87.22
88.12
89.7
89.35
89.39
91.37
93.10
94.9
95.26
97.9
98.7
99.11

Self
1.10
3.10
5.2
10.14
11.28
11.31
12.10
12.31
13.21
14.14
15.7
15.14
16.50
16.56
17.2
17.18
17.30
17.43
18.6-7
18.12
(Cont. ...)

(... Cont.)
21.9, 26.38, 32.14, 33.14-17, 34.6, 34.9, 36.5, 40.12-15, 41.21, 42.11, 48.6-7, 53.9, 54.7, 54.27, 57.33, 58.23, 65.20-22, 66.32, 70.9, 70.11-12, 71.5-7, 71.16, 73.22, 74.11, 75.25, 75.32, 92.18

Self-Acceptance

5.2, 13.16, 15.2, 15.3, 16.21, 18.5, 22.2, 22.6, 25.2, 32.14, 40.3, 41.25, 46.10, 47.2, 47.8, 49.6, 52.7, 57.33, 60.4, 60.8, 66.9, 74.11, 75.13, 82.3, 85.16

See also "Self-Worth"

Self-Conscious

Self-Consciousness, Self-Aware, Self-Awareness

13.21, 14.1, 15.12, 19.3, 19.11, 20.4, 30.1-2, 34.14, 35.4, 36.14, 40.3, 41.10, 41.16, 41.19, 41.21, 48.8, 50.5, 75.23, 78.33, 79.20, 82.12, 83.10, 90.9-10, 92.10-11

Self-Worth

12.31, 15.10, 15.12, 32.14, 103.8

See also "Self-Acceptance"

Seniority of Vibration

17.41-43, 26.13, 31.6, 33.12-13, 34.15-16, 40.16, 48.5, 48.7-8, 57.12, 61.2, 65.5

See also "Reincarnation"

Service to Others

7.15, 7.17, 10.1, 11.2, 11.21, 12.9, 12.13, 12.15, 12.26, 12.31, 14.13, 16.7, 16.11-12, 16.30-32, 16.59, 17.2, 17.23, 17.30-34, 18.6, 19.14-15, 19.17, 20.9-10, 20.27, 22.5, 25.1, 25.5-6, 26.38, 30.1-2, 31.3-4, 31.9, 33.9, 33.11, 33.19, 34.2, 34.9-10, 34.14, 34.16, 35.8, 36.17, 38.1, 38.7, 39.11-12, 42.2, 42.9, 42.18, 43.8, 43.19, 44.1, 44.8, 44.15, 45.1, 46.7, 46.9-10, 46.13, 46.16, 47.3, 47.6, 49.3-5, 50.6, 52.3, 52.7, 52.11, 53.6, 53.17, 53.22, 54.21, 54.25, 57.33, 60.27, 60.29, 62.23, 63.14-15, 64.2, 64.4, 64.15, 65.14, 65.21, 66.18, 66.33, 67.3, 67.7, 67.11, 67.21, 67.26, 68.16-17, 69.7, 69.9, 69.11, 69.15, 70.5, 70.7, 71.2, 71.14, 71.16-17, 72.7-8, 73.2-4, 73.12, 74.12, 74.15, 75.23, 77.19, 78.14, 78.16, 78.25, 79.7, 79.28, 79.33, 80.1, 80.5, 80.11-12, 80.15, 80.17, 81.29-30, 82.18, 82.22, 82.28-29, 83.11-13, 83.17-18, 84.18, 85.4, 85.7, 85.9-11, 85.13, 87.12, 87.22, 88.12, 89.3, 89.38, 89.44, 90.3, 90.20-23, 92.2, 93.3-6, 94.12, 95.23-25, 97.16, 99.8, 100.9

(... Cont.)
See also "Positive Path" & "Polarity (in Consciousness)"

Service to Self

7.14-15	30.5	68.6
7.17	30.10	68.16-18
8.2	31.14	69.9
8.11-12	32.2	69.11
10.1	33.13	69.15
11.3	33.19	70.7
11.11-12	34.16	70.23
11.15-16	35.4-5	71.7
11.18	36.12	71.14
11.20-21	36.14	72.8
11.31	36.16-17	73.4
12.9	38.7	75.19
12.13-16	38.14	75.23
14.13	39.11-12	77.17
16.2	41.14	78.25
16.7-9	42.20	80.5-8
16.11-12	44.16	80.11
16.15	46.7	80.15
16.17	46.9-12	80.17
16.30-31	46.16	85.4
16.57	47.3-5	85.7
17.1	48.6	85.9
17.17	49.4	85.11
17.23	50.6	86.5
17.25	51.7	87.6-9
17.30-33	53.11	87.11-12
18.21	53.14	87.14-16
19.15	53.16-17	87.25
19.17	54.19	89.31
20.9-10	54.22	89.35
20.32	54.25	89.44-45
22.5	55.3-5	93.3
24.6	62.17	95.6
25.5-6	62.20	95.26
26.34	65.14	97.16
26.36	66.29-33	99.8
26.38	67.7	100.8-9
30.1	67.26	101.2

See also "Negative Path" & "Polarity (in Consciousness)"

Sexual Energy Transfer
See "Energy Transfer, Sexual"

Sexuality

19.22	46.12	66.28
25.1	48.2	71.17
26.38	53.14	72.16
30.10-13	54.25	73.22
31.2-16	55.6	76.2
32.2-11	60.16	79.3
39.2	61.6	83.3-4
41.5-6	64.20	84.9-22
44.1	66.3	86.20-22
44.13	66.22	92.25

See also "Reproduction"

Fusion

32.9-10	41.4-6

Shockley, Paul
27.1-2

Signals and Personal Signs

22.1	44.10	105.12
44.3-6	96.11-13	

Significator
See "Archetypes, Significator"

Silver Cord
91.11

Silver Flecks

16.47-49	53.21

Simultaneity

36.4-5	81.18	105.16
70.9	82.6	
70.11-12	91.7	

Sinkhole of Indifference

3.6	20.17	46.16
17.33	40.16	64.15-16
19.18	46.9	94.20

See also "Polarity (in Consciousness)"

Sirius

8.22	38. 7-8	51.2

Slavery

8.14	25.16	50.6
11.18	26.34	55.3
16.17	32.2	80.7
24.6	35.4	83.10-14
24.17	35.8	87.7

Social Memory Complex

1.5	16.32	53.1
2.0	17.13	53.7-8
3.6	18.6	55.4
3.10-11	18.13	55.7
6.4	19.7	56.4
6.16	21.1	60.14
6.23	22.1	60.16
7.2	23.16	60.25-26
7.8-9	25.5	62.16-17
7.14-16	25.9	62.20
8.2	27.1-2	64.6
8.11	33.21	64.15
8.18	36.1	65.17
9.9	36.22	66.30
10.1	37.7	69.5
10.7	38.6-8	70.7
10.12	38.14	78.23
11.3	41.26	81.27
11.16-17	42.6	83.28
12.26	43.13-15	87.9
14.7	45.4	87.12-15
14.18	45.11	89.7
14.28	46.17	89.12
14.32	47.2-3	98.5
15.18	48.6	105.11
16.13	52.3-5	
16.21	52.9	

Society

1.5	19.15	36.12
6.16	20.21	37.4
6.23	22.21	38.9
8.26	23.15	54.25
10.15	25.5	73.12
11.17	34.9-10	74.13
12.18	34.13	83.10
16.31	35.6	

Solar System

6.4	10.16-17	29.4
6.9-10	11.4	30.14
6.24	13.15	78.32
10.1	13.23	81.24

Maldek

6.9-10	10.6-7	21.16
6.12-13	11.3	38.2
9.18	11.5	59.4-5
10.1	11.13	90.18
10.3	21.5-6	

Mars

9.6-12	20.17-18	64.14
10.6	20.20	74.4
14.3	20.26	90.18
18.20	21.8	
19.5	30.14	

Saturn

6.8	22.17	53.3
7.8	23.6	60.25
7.12	23.16	
9.4	30.14	

Saturn, Council of

See "Council of Saturn"

Sun

2.2	29.5-6	71.12
2.6	29.10	75.2
10.17	30.14	77.12
11.4	40.1	77.17
13.5	41.4-5	80.10
16.35	41.7	81.24-25
23.1	54.4-5	82.8
23.6	54.7	89.8
23.16	65.17	91.2-3
29.1	66.26	92.28
29.3	67.28	102.21

See also "Logos, Local Sub-Logos"

Uranus

30.14

Venus

6.4-7	41.26	89.32
6.21	76.11	89.39
6.23	88.13-15	90.18
29.18	89.9-12	
30.14	89.28	

Soul

10.1
12.14
14.3
26.21-22
34.10
44.10
47.15
54.15
59.5
72.5

Sound Vibration Complex

Vibratory Sound Complex

4.6
7.9
14.28
27.4
71.6
74.12-19
75.14
75.17
75.26-28

South America

1.5
2.2
8.13
10.15
14.4
20.38
21.24
21.28
22.7
23.16
24.4
45.4
57.28
60.15

Southern Cross

11.12
62.16

Space/Time

2.2
6.9
12.7
13.8
13.22-23
19.1
26.22
26.32
28.2
29.11-12
29.14
29.16-17
29.19
29.22
30.4
39.4
41.8
41.20
43.22
52.10
54.24
55.9
57.1
57.33
58.16
62.4
63.24-25
63.27-28
65.2
65.9
66.14
70.12
70.14
70.17
70.19
70.22
71.5-7
74.8
82.15
83.3
105.4

See also "Time/Space"

Spirit Complex

2.3
3.15
4.2
4.17-18
4.20
6.1
6.14
7.15
10.8
10.14-15
13.21
15.12
16.59
17.18
18.11
18.18-19
19.2-3
(Cont. ...)

(... Cont.)
19.20-21
20.24
21.9
22.2
23.7
26.21-23
26.38
27.6
29.16
29.33
30.2
30.4-5
30.12-13
32.10
34.6
34.12
35.8
39.1
39.10
40.14
41.21
43.9
45.11
46.2
47.8
47.12-13
47.15
48.2
48.6
48.8
49.2
49.5
50.5
50.13
51.5
52.11
53.11
60.16
60.26-27
61.3
61.7
62.14
63.13
63.31
66.9
66.13
66.22
67.28
67.30
72.10
73.22
76.1
76.8
76.16
77.12-13
78.5
78.10-12
78.19
79.4
79.15
79.17-18
79.20
80.3
80.8-10
80.13-20
81.14
83.19
85.16
88.17
88.24
90.30
91.20
91.25
92.18-19
92.24
92.30
93.8
93.12
93.18
93.24
94.7
95.7
95.16
95.27
97.16
97.19
98.7
99.7
105.20

<u>Spirit as a Shuttle</u>

6.1
23.7
30.2
49.2
67.28
67.30
79.4
80.14-15
95.27
105.20

Spiritual Entropy

7.15
36.15
46.9
60.26
87.14

Spiritual Gravity

29.16-22
37.8
40.1

Spiritual Mass

Spiritual Density

27.6
29.18-19
30.16
36.8
37.6
37. 8
39.4-5
40.1-2
52.12

Spontaneous Combustion
17.26-28

Star Wars **(movie)**
16.10

Starvation
42.7-8

Strength
12.31, 18.19, 26.38, 27.15, 28.13, 29.10, 31.3, 35.1, 38.5, 39.4, 39.10, 42.12, 51.1, 51.8, 52.2, 53.22, 54.29, 55.4, 56.6, 57.14, 62.17, 65.10, 65.15, 67.3, 67.27, 67.31, 68.10, 68.14, 70.2, 70.19, 72.7, 73.3-5, 74.12, 75.34-35, 76.2, 78.7, 79.4, 83.3, 84.13, 87.12, 88.1, 99.3, 99.8-9, 99.11, 100.3, 103.5, 106.5, 106.22

Light/Dark Strength
Forces of Light/Darkness
24.8, 35.8, 72.7, 73.3-5, 74.12, 74.14, 87.6

Subconscious
See "Unconscious"

Sub-Density
16.51, 16.53, 17.11-12, 17.34-35, 17.38-39, 22.13, 38.6, 71.13, 90.25
See also "Plane"

Sub-Logos
See "Logos, Sub-Logos"

Sumer
88.22

Sun (Archetype)
See "Archetypes, Significator of the Spirit"

Surrender
54.16, 64.16, 66.15, 84.4

Tantric Yoga
84.14

Taras Bulba
11.8-10

Tarot
See "Archetypes, Tarot"

Tau Cross
103.11

Teach/Learning
1.10, 2.1-3, 2.6, 3.4, 3.6, 4.19, 6.1, 6.3, 9.3, 10.6, 14.11, 14.28, 15.13, 17.2, 17.17, 17.20, 17.37, 22.26, 42.2, 42.20, 43.18-19, 43.29, 47.8, 48.3-6, 57.26, 57.29, 67.28, 73.16, 74.4, 74.16, 76.8, 77.23, 83.3, 83.16, 85.16, 88.21, 89.18, 89.22, 92.7, 93.23, 99.6
See also "Learn/Teaching"

Telepathy
12.13, 14.27, 20.30, 26.21, 38.14, 90.12

Television
34.13, 42.2

Temptation

18.21	67.7	87.12
18.25	68.16	90.3-4
62.20	81.8	
62.23	87.9	

Ten Commandments

16.15	16.20	60.17
16.18		

Tesla, Nikola

8.6	11.25-26	26.20

Tesseract (Ninety-degree Deflection)

52.10	95.27	103.14
94.18	103.11	

Thales

25.4

Third Density

6.6	21.9	71.2
6.15	30.1	76.15-20
10.3	30.10	77.14-15
11.17	33.9	78.24
13.21-23	36.1	79.9
14.3	36.17	81.3
16.2	38.6-7	82.15
16.21	40.7	82.17-19
16.39	41.14	82.21
17.35-38	41.16	83.10
18.7-9	42.3	90.8-10
19.4	48.6	91.21
19.9-11	57.33	92.11
19.13-15	61.9	95.24-25
20.18	63.8	97.9
20.21	63.13	105.13-16
20.24	63.32	105.20
20.26-27	64.8	

See also "Density" & "Choice, The"

Third-Density Life Span

14.11-12	21.9	23.13-14
20.12-17	22.3-8	43.11
20.23-25	22.28	

Thought-Form

3.11-14	17.1	44.5
6.14	17.17	63.32
6.23	22.1	76.2-3
13.23	23.6	77.6
14.7	26.20	78.7
15.4	37.6	83.4

See also "Daydream" & "Fasting"

Thought-Form Entity or Projection

2.6	24.9	53.8-9
7.12	24.13	53.13-14
8.30-31	24.19	62.1-4
12.9	26.32	62.23
12.18	27.2	70.19
16.43-46	51.4	95.4
17.37	43.5-7	

See also "Bigfoot" & "Men in Black"

Tibet

10.15

Time/Space

See also "Space/Time"

General (e.g., moment or duration of time/space)

1.11	6.13	14.10
1.13	7.12	14.24
2.2	8.2	65.2
2.6	10.9-10	69.6
3.14	10.12	76.13
4.2	10.16	105.4
6.10	12.1	

Time/Space Analog

32.12	70.14	75.36
48.7	71.5-6	86.7
51.10	73.10	

Metaphysical

21.5	28.18	40.1
21.7	29.13	41.4
25.4	29.17	41.20
25.6	29.19	43.12
26.22	30.2	48.7
26.30	30.14	50.7
26.32	39.4	(Cont. ...)

(... Cont.) 50.9 51.7 52.10 53.3 55.9 57.12 57.26 57.33 58.16 59.14 62.4 63.25-26 65.9 66.13-14 66.22 66.26 67.6 68.6-8 69.11-14 70.6-7 70.12 70.14 70.17 70.19 70.22 71.5-7 71.21 74.8 75.33 76.3 78.5 78.24 79.20 81.4-5 82.25 83.3 83.7 84.17 86.15 87.7 87.27 95.27 96.9-10 100.3 103.10-12 103.14

Totality, Mind/Body/Spirit Complex

See "Mind/Body/Spirit Totality"

Trance Channel

See "Channel, Trance"

Transform

Transmute

4.18 6.1 15.12 25.6 26.22 46.9 50.8 51.7 54.17 54.25 59.14 63.25 64.4 65.20-22 77.12 79.40 80.20 80.22 81.13 91.17 92.19 93.24 94.26 95.27 96.4 99.8 100.6-7 100.11 103.10-11

See also "Fasting"

Transformation (Archetype)

See "Archetypes, Transformation"

Transient Information

Unimportant Information, Specific Information

3.6 6.25-26 17.21 26.36 27.3 29.24 30.8 37.4 (Cont. ...)

(... Cont.) 39.4 39.6 43.7 51.1-2 53.3 53.18 53.24 57.4 58.17 62.23 64.18-20 67.11 71.10 81.23 84.7 91.13 96.9-11 100.4

Tree of Life

44.16 74.4 76.9 76.12

True Color

33.3-4 40.6 40.11 40.15 41.14 47.3 47.8 48.7 48.10 49.6 50.9 54.6 58.20 59.23 77.17 99.11

Tunguska

17.3

Tuning

Attunement

1.0 3.8 4.6 10.9 12.1 15.1 30.2 39.9 42.2 54.15-17 54.31-32 60.8 66.22 67.7 71.6 71.18 72.7 74.3 75.33 77.7 89.44 105.11 106.9

Turkey

10.15

Two Paths, The

16.31 19.16-19 20.9-11 39.12 46.10 46.16 54.25 64.16 69.11 71.14 73.4 78.25 80.9-14 85.9-13 90.21-23 93.3 93.10

See also "Polarity (in Consciousness)"

UFOs

6.21-25 | 26.20-21 | 51.2-4
7.12-14 | 26.32-33 | 52.10
8.2-32 | 26.36 | 60.24-25
12.2-12 | 37.5 | 70.18-21
23.3 | 38.7-8 | 87.10
24.20 | 38.11-13

Close Encounter

8.15-22 | 84.8 | 100.4
53.3-17

UFO Flap

12.8 | 48.5

UFO Mass Landing

16.8-9

Unconscious

Subconscious, Deep Mind, Deeper Mind

20.33 | 70.24 | 90.28
21.16 | 73.22 | 91.22
22.1-2 | 74.4 | 91.34
27.1 | 78.11 | 91.37
30.7 | 78.34 | 92.11
41.21 | 78.36-37 | 92.21
44.11 | 79.11 | 92.28
46.12 | 79.20-24 | 92.32
46.14 | 79.33-36 | 93.10
50.12 | 79.42 | 93.14
52.7 | 83.3 | 93.20
53.1 | 83.19-20 | 94.11
53.8 | 84.8 | 95.18
53.12-13 | 85.19 | 97.9
55.2 | 86.6-7 | 98.5
64.4 | 86.9 | 99.8
65.23 | 86.12 | 99.10
66.16 | 88.17 | 100.6-7
69.18 | 89.19 | 101.4
70.4 | 89.44 | 105.19

See also "Mind, Tree/Roots/Trunk of"

Understanding

1.7 | 6.14 | 16.32
3.8 | 10.8 | 16.38-39
4.19 | 14.10 | 16.59
5.1-2 | 15.18 | (Cont. ...)

(... Cont.) | 36.10 | 60.16
18.6 | 47.6 | 61.9
20.24 | 49.5 | 68.3
28.2 | 54.7 | 76.9
28.5 | 57.24

Vibration of Understanding

13.23 | 16.50 | 84.4
16.32 | 26.12

See also "Density, Fourth"

Unity

See "Intelligent Infinity" and "One Infinite Creator"

Universe (Archetype)

See "Archetypes, Great Way of the Spirit"

Unmanifested Self

Unmanifested Being

33.15-16 | 60.16 | 71.15
34.6-7 | 61.6-7 | 82.17
34.9 | 61.10 | 83.16
34.12 | 66.20 | 90.26
58.23 | 71.4-5

Upward Spiraling Light

See "Light, Upward Spiraling"

Ur

76.6

Urantia Book

14.30

Uranus

See "Solar System, Uranus"

Van Tassel, George

14.12-13

Veil of Forgetting

12.28 | 36.19 | 63.14
16.2 | 48.6 | 63.17-18
21.9 | 48.8 | 65.12
30.4 | 50.7 | 65.18-19
36.16-17 | 52.8 | (Cont. ...)

(... Cont.)
69.6
75.24
77.14
77.17
77.19
78.19-20
79.7
79.10-12
79.21-24
79.27-34
79.31
79.41
81.32
83.3-4
83.8
83.10-12
83.15-26
84.17-19
84.21
85.9
85.17-19
86.6-7
86.18-22
87.17-21
88.15
89.33-35
89.38
89.40
90.12
90.18-19
92.21
92.25
93.5-6
93.20
94.10
95.19-20
100.7-9
103.11
103.14
104.26
105.13
105.17-19

Pre-veil Conditions
77.17
78.8-10
78.13-16
79.7-9
79.13-17
79.20
79.32-33
82.12-29
83.3-12
83.20
83.23-24
84.9-11
84.17
84.22
86.6
86.18-20
87.18
87.20
87.24
93.4-5
94.22
95.19
105.17-19
105.21

Venus

See "Solar System, Venus"

Vibration

See also "Narrow Band Vibration" & "Sound Vibration Complex"
2.2
2.6
27.4
54.6
54.8
75.2
75.26
106.22

Basic or Core Vibration
20.6-7
27.14-16
28.2-4
29.2
29.11-14
29.23
40.3
40.5-6
40.9-11
40.15
41.8-10
62.27-28
71.6

Energizing Vibration
1.12-13
3.18
11.2
17.11
33.3
66.22
87.26-27
98.16

Vibration of Density
1.1
2.2
6.14-16
8.15
10.4
13.23
16.2
16.41
17.1
17.11-12
17.15
17.21
19.9
27.13
32.12
33.20
40.16
53.3
57.28
59.24
68.6
70.14
77.24
78.15
81.13

Vibration of One's Being
1.2
1.5
2.1
8.14
20.16-17
29.29
32.2
37.3
39.10
42.7
47.3
51.1
57.12
57.33
73.20
86.23
87.17

See also "Seniority of Vibration"

Planetary Vibration
12.27
12.30
16.61
49.8
65.11-12
71.16

See also "Planetary Consciousness"

Visions

Visionary Information
14.25
25.4
44.5
49.2
58.3
84.8
86.12
86.15
88.17
89.16

Visualization
1.13
42.13-15
49.8
50.8-9
56.3
61.12
67.13-14
68.14
73.5
73.10
74.16
75.4-5
75.11
75.39
88.19-21
88.24
98.6

Vital Energy

Vitality, Vital Force
13.24
15.1
15.23
17.14
18.3-4
18.26-27
19.22
22.29
23.6
24.1
25.1-3
26.38
26.40
29.33
(Cont. ...)

(... Cont.)	64.4	76.1-3
33.1	65.4	83.2
44.1-2	68.2	86.1-3
44.7-8	70.2	86.23
44.13	70.4	88.6
48.1-2	72.1	92.2
53.1	72.10	96.1-2
63.3	75.1	100.12
63.6-7	75.10	103.1

Wanderer

2.2	26.13	63.15-18
11.25	26.15-16	65.3
11.29	32.9-11	65.5
12.26-30	36.16-18	65.11-12
12.32	36.24	65.19
13.23	37.2	66.6-8
14.18	42.16	66.34
15.20	45.3-7	68.10-11
15.25	48.7	69.10-12
16.59-61	52.8-9	70.15-17
17.8-9	53.7-13	75.24
17.11	58.20	81.27
17.18-19	59.3-5	85.16
23.6	63.10	89.33-39

See also "Brothers and Sisters of Sorrow"

War

Bellicose Action

8.16-17	23.15	34.17
8.19	24.4	35.1
9.10	24.17	35.8
9.18-19	25.4-11	38.9-10
10.1	26.25	65.6-8
10.15	32.2	66.31
18.25	33.15	90.18
20.21-22	34.12	
22.5	34.14	

Water

8.3	41.10	60.11
8.13	45.7	78.29
9.5	45.12	88.23
13.16	57.9	89.20
13.18	58.15	106.4-5
23.14	59.7	

Blessed Water (for Cleansing or Drinking)

1.12-13	95.4-7	106.9
2.6	96.14	106.21
3.18	101.7	

Swirling Water

75.9	91.38	100.2-3
80.0	92.3	104.2
82.2	93.24	106.22
84.5	95.28	
89.45	99.11	

Weapons (Particle Beam and Psychotronic)

8.7	65.8

Wheel of Fortune (Archetype)

See "Archetypes, Catalyst of the Body"

White Magic

See "Magic, White Magic"

Will

6.1	49.2	72.7
10.14	49.8	72.10
21.1	52.7	73.4
28.13-14	52.11	73.8
29.29	53.1	73.10-12
31.3	54.3	73.22
31.7	54.29	74.4
32.2	55.6	74.12-13
36.11	55.17	74.16
36.14	56.3	75.35
38.4	57.14	76.1
39.3	58.18	77.9-10
41.18-19	60.3	77.17
41.21-22	60.18	79.32
42.12-15	63.2-3	79.42
43.8	63.6	80.20
43.30-31	66.14-15	81.8
44.1	66.22	82.19
44.8	67.2	82.29
44.10	67.21	84.4
46.9	67.28	84.13
46.12	68.2	84.21
47.13-14	70.4	(Cont. ...)

(... Cont.)	90.30	99.9
85.4	91.19	100.3
85.19	92.2	101.2
86.18	92.11	102.1
87.7	94.7	103.1
87.16	95.16	104.3
88.6	96.2	105.1
90.26	97.9	

Williamson, George Hunt

Michel D'Obrenovic

12.1	15.18

Window Effect

12.7	24.8	72.8
16.3-7	26.34	
17.27	67.19-20	

Wisdom

4.17	52.9	75.32
8.6	54.17	75.39
16.50	59.3	77.24
22.6	60.3	78.11
25.9	60.8	78.24
30.4	61.6	81.8
33.20	61.11	84.4
36.12	62.20	85.4
36.15-16	64.6	85.16
42.6-7	64.15	87.6-7
43.15	65.11-12	89.29
44.1	67.11	89.35
45.11	67.13	89.38-39
47.5	67.20-21	90.5
48.6	70.22	93.21
50.6	72.10	99.5
51.10	75.14	101.2

Wisdom (Archetype)

See "Archetypes, Potentiator of the Body"

Work

1.0	22.29	73.10
2.3	26.38	73.12-14
3.15	27.5-7	73.22
4.14	29.27	75.16
4.17	31.3	75.23
5.1-2	39.10	76.16
6.1	46.10	78.11
9.2	48.6	78.24
9.18	50.5	94.9
12.1	56.3	95.23
15.12	59.11	97.5
16.32	63.17	97.7
17.1	68.3	97.9
19.19	69.5	103.8
20.9-10	71.22	

Wrong

1.7	56.3	103.8
4.20	57.12	
54.13	77.17	

Yahweh

16.14	24.6	74.19
17.17	24.9	
18.14-24	60.17	

Zeta Reticuli

81. 24

NOTES

Printed in Great Britain
by Amazon

19723090R00037